Keyword Series of Psychology

キーワード心理学シリーズ 3　重野 純・高橋 晃・安藤清志 監修

記憶・思考・脳

横山詔一・渡邊正孝 著

新曜社

キーワード心理学シリーズ　全12巻

＊印既刊

＊1	視覚	（石口彰）
＊2	聴覚・ことば	（重野純）
＊3	記憶・思考・脳	（横山詔一・渡邊正孝）
4	学習・教育	（山本豊）
5	発達	（高橋晃）
6	臨床	（春原由紀）
7	感情・ストレス・動機づけ	（浜村良久）
8	障害	（大六一志）
9	犯罪・非行・裁判	（黒沢香・村松励）
10	自己・対人行動・集団	（安藤清志）
11	パーソナリティ・知能	（杉山憲司）
12	産業・組織	（角山剛）

【監修者】

重野　純（しげの　すみ）
青山学院大学文学部教授。専門は認知心理学，心理言語学。
1,2,3,4巻を担当。

高橋　晃（たかはし　あきら）
武蔵野大学人間関係学部教授。専門は発達心理学，文化心理学。
5,6,7,8巻を担当。

安藤清志（あんどう　きよし）
東洋大学社会学部教授。専門は社会心理学。
9,10,11,12巻を担当。

「キーワード心理学」シリーズ刊行にあたって

人類の長い歴史のなかで、今日ほど心理学が必要とされている時代はないでしょう。現代に生きる多くの人々が、社会のなかのさまざまな問題を解決するためには、心のはたらきに目を向けるべきだと考えているからです。心理学はこれまで多岐の分野にわたって発展してきましたが、その過程で分野ごとに専門化が進み、内容的に奥深い知識が要求されるようになりました。生理学、物理学、言語学などの知識が必要な分野もあります。心理学で扱う中心的なテーマも変遷してきました。19世紀には構成心理学からゲシュタルト心理学へ、20世紀には行動主義から認知科学へと心理学者の主な関心は移ってきました。そして現在、心（精神、魂）のはたらきを解明するのに最も深くかかわっていると考えられる脳のはたらきに関心が集まっています。脳研究の目ざましい発展により、人の脳をまったく傷つけることなく、脳のどの場所がどのような心のはたらき――考えたり感じたりすること――に関与しているのかを調べることができるようになりました。しかしこの場合も、心のはたらきを適切にコントロールできるかどうかが研究成果を大きく左右しています。今日、心理学に求められているものは非常に大きいといえるでしょう。

心の問題を考えるとき、情報をどのように受け入れどのように処理するのかを知ること、すなわち人の認知行動を適切に知ることはきわめて重要なことです。「キーワード心理学」シリーズ（全12巻）

では、現代科学のなかにおける心理学の役割を念頭におきつつ、日常生活でよく体験する出来事や現象、対人関係などについて、認知的視点に立って取り上げています。本シリーズでは、心理学の研究者や大学生はもとより一般の方々が容易に理解できるように、本の構成や記述方法を工夫してあります。どの巻も最も重要と考えられる30項目を精選して、項目ごとに独立した読み物として楽しんでいただくことができるようにしてあります。また、一人の著者（一部の巻では2名）が一つの巻をすべて書くことによって、項目ごとの関連や読みやすさの統一が図られています。さらに、もっと深く心理学を学びたい人々のために、巻末には本文であげた実験や調査の文献を一覧にして載せてあります。内容的には最新かつ専門性の高いテーマにも踏み込んでいますから、より深く心理学にかかわりたいという読者の希望にも、十分添えるものと信じております。知識の集積、学問としての心理学の面白さの実感、研究テーマのさらなる発展など、それぞれの目的に応じて、本シリーズを役立てていただければ幸いです。

監修者一同

まえがき

私たちの暮らしは、記憶や思考といった知的活動に支えられています。そして、知的活動は「言語」と密接に結びついています。言語は人間の「心」に影響を及ぼすだけでなく、「社会」を組み立てる重要な道具でもあります。つまり、「心と言語と社会」は切っても切れない関係にあるのです。

このような三者の関係を頭の片隅で意識しながら、記憶や思考という心の働きをながめてみたのが本書の前半部です。「パート1・記憶」は心理学の典型的な考え方に従うよう心がけましたが、「パート2・思考」は心理学の世界では見慣れない用語や概念をあえて登場させました。その理由は、思考については、諸学問を広く見渡すと心理学のほかにも言語学や文化人類学や経済学といった、たいへん強力な老舗分野がいくつかあることを紹介したかったからです。言語学などは心理学と違って文系の学問だから実証的でないという見方があるかもしれませんが、それはどうやら違うようです。たとえば、方言の研究者は「伊能忠敬」を連想させる要素を持っています。伊能忠敬は江戸時代に日本全国を歩き回って自分たちの歩幅をモノサシにして測量を行い、精度の高い日本地図を編纂しました。方言研究者も、日本全国のいろいろな地域の人々の暮らしのなかに息づく言葉の膨大なデータを綿密に収集・記録し、理論的な分析をくわえて言語地図にまとめます。方言研究者の仕事ぶりは伊能忠敬のイメージと重なるところがあり、まさに実証科学の光景そのものだと言えるでしょう。

さて、情報通信技術（いわゆるＩＴ）の急速な発達により、心理学の方法論にも変化のきざしが見えてきたように感じます。人間の記憶や思考を代行してくれるコンピュータが、数値計算の道具としての範囲を大きく脱して、いよいよコミュニケーションの道具として位置付く時代になったからです。そこで脚光を浴びているのが「言語情報処理」の技術です。そのあたりの最新の状況についても項目を立てて解説を試みました（15項など）。言語情報は記号の連続（配列）ですから、遺伝子工学の分野で実戦的に鍛え抜かれたＤＮＡ配列の解析手法が転用できるかもしれないと期待されています。その試みはすでに音声情報処理やコーパス言語学の分野で始まっており、チョムスキーの文法理論では手におえない厄介な問題を次々と解決して、大きな成果をあげていると聞きます。

ここまでで、すでにお分かりかと思いますが、記憶や思考という視点を通してコミュニケーションの問題にも迫りたいという願いを本書に込めました。それがどこまで達成できたかは不明ですが、心理学の分野だけではなくコミュニケーションに関心を持つ高校生以上の一般の方々にも楽しんでいただけるよう、実験心理学が守備範囲とするミクロなレベルの話と、社会言語学などが得意とするマクロなレベルの話を、車の両輪のように関連付ける努力をしたつもりです。ともあれ、本書が、人間の記憶や思考の不思議さ・面白さをさまざまな角度から見つめ直すきっかけを提供できれば幸いです。

本書を執筆する機会を与えてくださったのは、青山学院大学の重野純先生です。原稿が遅れに遅れた私を重野先生はあたたかく激励してくださいました。また、新曜社編集部の塩浦暲氏には、編集作業のあらゆる段階で的確で綿密な助言や力添えをいただきました。同編集部に在籍していた松田昌代氏にもお世話になりました。このような沢山のご支援に対して、心よりお礼を申し上げる次第です。

２００７年３月

横山詔一

＊　＊　＊

最近は書店に行くと「脳」がテーマになった書籍の出版が多いことに気がつきます。「脳トレ」、「脳年齢」、「脳を鍛える」というような言葉がよく目につきます。脳に対する一般の人たちの興味が増大していることが感じられます。

私は大学では心理学科で学び、大学院に入ったころから脳研究に携わるようになりました。当時も心理学の中で「生理心理学」という分野はあり、少なからぬ心理学者がこの研究に携わっていました。その多くは、ネズミのいろいろな脳部位を破壊して行動への影響を見たり、ネズミの脳のいろいろな部位から脳波を記録したりする、あるいは、人の精神作業や睡眠・覚醒と関係させて人の脳波や心拍、呼吸、皮膚電位反応を記録したりするというものでした。私が本格的な脳研究として最初に行ったのは、認知課題を遂行中のサルの前頭連合野から単一ニューロン活動を記録する、というものでした。そうした研究は、その後大いに発展しました。記憶、学習、注意、情動などの心理学が対象とするテーマの脳メカニズムを捉える上で、認知課題と関連させてサルなどの高等動物の脳からニューロン活動を記録する手法は、一つの標準的なものとなっています。

心理過程の脳メカニズムの研究において、ここ20年ほどの間で最も大きなインパクトがあったのは、本書の最後に紹介するＰＥＴ、ｆＭＲＩなどの非侵襲的脳機能測定法の開発と進歩です。脳研究者や心理学者ならずとも、「我々がものを見たり、聞いたり、考えたり、感じたりするときに、脳がどのように働いているのかを目でみることができたらどんなにすばらしいだろう」と誰もが考えていました。かつては夢だったそうした願いも、現在は一部とはいえ現実のものになっています。脳研究で古くから用いられ、最も基本的なものである、脳損傷患者の行動を調べる手法は現在でもその重要性に変わりはありませんが、非侵襲的脳機能測定法は損傷法を補完するものとして、その重要性が増しています。従来は純粋に心理学的研究に携わっていた研究者の多くも、この方法を利用した研究に参入してきています。

そうした流れの中で、生理心理学（Physiological Psychology）という名称が使われることは少なくなり、行動神経科学（Behavioral Neuroscience）あるいは認知神経科学（Cognitive Neuroscience）というい方がされることが多くなりました。この分野には、心理学者だけでなく、脳科学者も積極的に参入するようになり、認知神経科学は心理学と脳科学の接点として重要な地位を占めるようになっています。

本書の後半（17項以下）では、思考と記憶の脳メカニズムを中心に、認知神経科学の分野における最近の発展を織り込みながら、基礎的な知識をわかりやすく説明することを目指しました。脳ブームと言われ、脳に関するマスコミの扱いも増していますが、中には相当怪しげなものもあります。本書でも扱った右脳・左脳の問題、脳の可塑性、臨界期の問題、など、新たな発見が現在も続いていますが、まだ私たちの日常レベルで生活の指針を与えるほどに直接的な知見が得られているとは言えません。さらに生きた脳の働きを見せてくれる非侵襲的脳機能測定法も、原理的にも方法論的にも、脳の「どこが働くか」についてはは教えてくれるものの、「働き方」についてはわずかなことしか教えてくれないという事実には注意する必要があります。本書では、何は確実にわかっており、何は事実から推測されるものであるのかを区別するように心がけました。

本書の執筆に際しては、青山学院大学の重野純先生に多くの助言と力添えを頂きました。また新曜社の松田昌代さんには、読者にわかりやすくする上で、多くの貴重な意見を頂きました。同じく新曜社の塩浦暲さんには編集上の重要なコメントを数多くいただきました。本書の完成までに助力いただきました皆様に感謝の意を表したいと思います。

2007年3月

渡邊正孝

目次

装幀――大塚千佳子
カバーイラスト――いとう　瞳

パート・1

さて、これは何でしょう？＊

産医師、異国に向かう、産後
爆竹ゾーン、兄さん走る
二浪し、さんざん破産に泣く
これには芭蕉、一句ない
リュックサック、キミんち、強盗
コンパニオン、グッチ、支給しよ
号泣、兄さん、女は居留守
オムツ野郎にアッパー！キック！
野郎！ツッパれ！差し歯抜こう！
三時に時報（117）、オウム鳴く

ヒント「いい国作ろう鎌倉幕府」

記　　憶

＊後藤裕之氏のWebページより

1　エピソード記憶と意味記憶

思い出と知識

記憶は大きく**思い出**と**知識**に分けられます。思い出とは、出来事（エピソード）についての記憶です。出来事（エピソード）とは、ある時にある場所で起きたことです。よって、思い出にはその事象が起きた時間や場所（空間）など、その出来事の背景（文脈情報）がセットになっています。それに対して、知識とは記憶の中の出来事より深いレベルにあるものだと考えられており、文脈情報とは無縁の存在です。たとえば、日本語を母語とする人は、日本語をどのように習得したのか思い出せません。母語は思考や認知を支える記憶の中で一番根本的な深い知識なのに、不思議なことです。このほかにも、思い出と知識は、いろいろな面で違いがあります。ここでは、記憶の世界の入り口を見てみましょう。

短期記憶と長期記憶

記憶は、覚えている時間の長さによって**短期記憶**と**長期記憶**とに分けられます。知らない人に初めて電話をかけるとき、番号をサッと覚えて電話をかけ、電話が終わると相手の番号をパッと忘れてしまうということがよくあります。このような記憶が短期記憶です。短期記憶の限界はおよそ20秒前後といわれています。一方、家族の名前などは一生忘れません。このような記憶は長期記憶といいます。

短期記憶を長期記憶に変化させるには、覚えたいことを繰り返し唱える**リハーサル**（復唱ともいう）が効果的です。図１－１は、リハーサルによって短期記憶の情報が長期記憶に転写されるようすを示しています[1]。リハーサルは、心の中だけで行なうよりも、声に出したり、手で書いたりして、なるべく多くの感覚チャンネル（感覚経路）を活用するほうが、記憶成績の向上につながります。

その他に、**処理水準の効果**を利用する方法もあります。たとえば、単語リストを記憶させる実験において、単語の形態・音韻（音）・意味の３水準[2]のいずれかに被験者の注意を向けさせるような課題を与えると、記憶成績がよいのは、意味処理条件、音韻処理条件、形態処理条件の順番になります。これは、これら３つのうち、意味を考える行為が記憶の中で一番深い部分を使うため、強固な記憶痕跡が形成されるからだと考えられています。

ワーキングメモリー

同時通訳者が日本語を英語に同時通訳するとき、頭の中はどうなっているのでしょうか。次々と現れる日本語の文を的確に訳していくには、前に登場した日本語の表現や言い回しのほか、その日本語を英語にどう訳出したのかなどを記憶しておく必要があります。そうでなければ、現在まさに訳そうとしている文と以前に訳した文とのつながりが悪くなり、切れ切れの意味の断片を支離滅裂に並べるだけになります。同時通訳者は、覚えつつ翻訳するという作業をこなすことができるのです。この働きの中心にあるのが**ワーキングメモリー**です。つまり、ワーキングメモリーとは、情報を一時的に貯蔵する短期記憶の機能と、短期記憶内の情報を編集・処理する機能をあわせもった記憶システムのことです[3]。

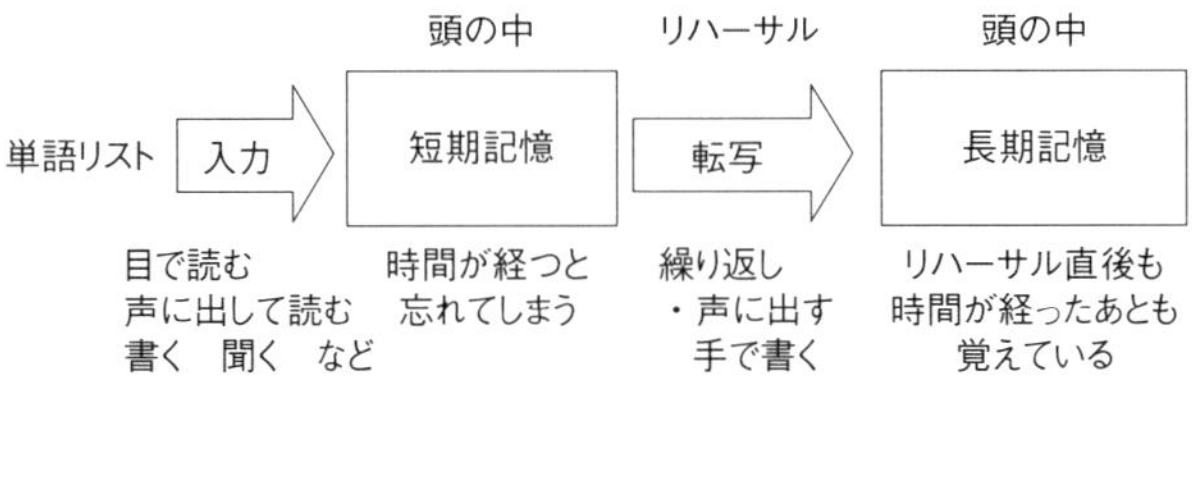

図1-1　短期記憶と長期記憶

1　このような説明を**2重貯蔵モデル**といいます。

2　「符号化特殊性原理」参照

エピソード記憶と意味記憶

日本語母語話者の場合、〈走る〉という語を、いつ、どこで習得したかを明確に記憶している人はほとんどいないと思います。一方、英語の〈run〉は、それを学んだ時期や場所を、ある程度は特定できそうだという人は少なくないでしょう。たとえば「中学校の英語の時間で勉強した」などです。このように、基本語彙を習得した時の状況に関する記憶は、母語と外国語で違うことがよくあります。いつ、どこで、といった学習時の文脈や状況に関する記憶は**エピソード記憶**といいます。〈cry〉のように、外国語の語彙は、エピソードつまり出来事の一種としてまず短期記憶の中に貯蔵され（「今日、英語の時間に勉強した」）、そのうち、エピソードの部分は重要でなくなり、その一部（cry＝泣く）が長期記憶に定着していくと考えられています。それに対して、〈泣く〉のように母語の基本語彙においては、どのように覚えたかという学習時の状況に関する記憶（つまり文脈情報）はすっかり消え、意味の記憶だけが残ります。このような記憶は**意味記憶**といいます。

ある説によると、意味記憶がある程度作られた後でないとエピソード記憶は成立しないといわれています。出来事の記述には、いつ、どこで、といった文脈情報が必要ですが、その背後に言語がどうしても関与してくるからです。

記憶テストの種類

エピソード記憶は、次のようなテストで調べることができます。テストを受ける人（被験者）に、たとえば〈犬〉という単語をカードに書いて見せ、そのカードを眼の前から取り去

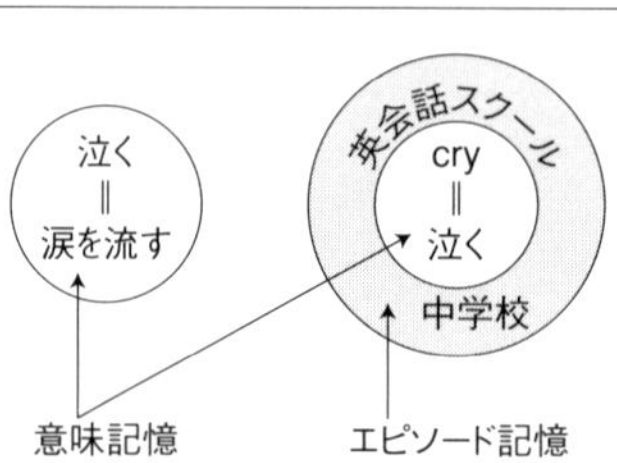

図1-2　意味記憶とエピソード記憶

3　ワーキングメモリーに対して、**参照記憶**というシステムもあるといわれています。参照記憶は、長期記憶の情報を引き出して編集・処理を行なう記憶システムを指します。「22　ワーキングメモリー」参照。

った後に、「さっき、ここで見せた単語を思い出して書いてください」というような課題を与えます。このように、被験者に書かせたり言わせたりするやり方を**再生テスト**といいます。もう1つの方法として、「さっきカードに書いてあった単語は魚でしたか」とか「犬でしたか」と尋ねるやり方もあります。このように被験者が質問が合っているか合っていないか確認するやり方を**再認テスト**といいます。

ある単語についての意味記憶を調べる場合、意味理解テストを用います。意味理解テストは、あらかじめイスやテーブルなどの線画もしくは写真を準備しておき、「イスはどれですか？」と質問し、対象物を選択させるといったやり方をします。

自伝的記憶

自分の生涯を振り返ったときに思い出す出来事のなかには、単なる客観的事実（××に旅行した等）を思い出すだけではなく、感情や情緒を伴うものがあります。これを**自伝的記憶**といいます。思い出には、楽しいものもあれば、楽しくないものもあるでしょう。自伝的記憶を経験や世代でグループ化して調べてみると、どのグループにおいても楽しい思い出が6割、中間的な思い出が3割、辛い思い出が1割になるようです。人間は自分の経験を心の中で整理し、どの人も6割ぐらいは楽しい思い出を作っているようです。つまり、自伝的記憶は自己の体験を意識的に再現したものといえます。

また、阪神・淡路大震災のような社会的大事件に遭遇した人が、後年に、鮮明かつ詳細に想起することがあります。この現象を「**閃光記憶（フラッシュバルブ記憶）**」と呼び、自伝的記憶の1つとして扱われています。

●参考書
苧阪満里子（2002）『脳のメモ帳ワーキングメモリ』新曜社
U・ナイサー編（1988）『観察された記憶（上）――自然文脈での想起』富田達彦訳、誠信書房

2　プライミング効果

無意識の記憶

明確に思い出せたと強く感じたとき、それは正答であるのが普通です。逆に、自分の記憶があやふやで自信がないと感じた場合は、正答である可能性は高くありません[1]。あることを「思い出せた！」という意識を**想起意識**といいます[2]。ところが、ある学習経験が記憶成績を大きく向上させたにもかかわらず、学習者本人にはその効果の実感や手応えがほとんどないという課題があります。ここでは想起意識をともなわない（無意識に覚えている）タイプの記憶について見ていきましょう。

プライミング効果の測定法

ある経験が覚えようとする意識にはのぼらなくとも、その後の課題解決に促進的な効果をもたらすことを**プライミング効果**といいます。1980年代以降に、想起意識とは無縁な種類のプライミング効果を調べるテスト方法が次々と開発されました。

どの実験も、学習モードで始まりテストモードで終了します。たとえば、学習モードでは、被験者に「単語を1つずつ出しますので、よく見ていてください」と指示して単語を1語につき2秒のスピードで1つずつ見せます。2秒間というのは単語をやっと読み取れるぐらいの時間で、リハーサルや記憶術を意識的に使う余裕はありません。このようにして全部で80個の単語を見せ終わると、テストモードに移ります。その方法のうち、代表的なものを3つ

1　あたり前に思えるようなことですが、「思い出した！」と思える記憶ほど、正しいことが多く、「よく思いだせないけどコレかな…」という記憶は正しくないことが多いようです。

2　明確に思い出せたという想起意識が強いほど（確信感が強いほど）、記憶成績もよい傾向が見られます。「7　デジャビュ」の項のFOK参照。

紹介します。単語完成課題、単語－非単語判定課題、知覚的同定課題です。

①**単語完成課題**では、学習モードの後で表2－1に示すような問題を出します。被験者には「これから虫食い単語テストをしますので、1つのブランクに1つのひらがなを入れて一般名詞を作ってください」と説明して、十分な時間を与えます。このテストは、被験者に見せた80語（学習項目）のほかに、見せていない80語（新項目）も交ぜて160語の問題から構成されています。プライミング効果の大きさ、すなわち意識的に行なわれていない学習経験が単語完成課題に及ぼす促進効果の程度を知るには、表2－2に例を示したように学習項目と新項目で正答率の差を比較すればよいのです。学習項目のほうが25％ぐらい新項目よりも成績がよいのがわかります。これが、この課題で生じたプライミング効果の大きさです。その効果は1週間以上も継続することが明らかになっています。

②**単語－非単語判定課題**は、学習モードの後で、意味のある単語と無意味な非単語をランダムに1つずつ交ぜて被験者に見せ、単語か非単語かをなるべく速く判断させるというものです。たとえば、〈トマト〉や〈ポテト〉は単語ですが、1文字目と2文字目の順番を入れ替えて作った〈マトト〉や〈テポト〉は非単語です。問題の文字列が単語か非単語かを正しく判断するのに要した時間を精密に測定し、反応時間として記録します。〈トマト〉が学習項目で〈ポテト〉が新項目の場合、〈トマト〉を単語だと判断する反応時間のほうが〈ポテト〉を単語だと判断する反応時間よりも速いと報告されています[3]。新項目に比べて学習項目の反応時間が速くなればなるほど、プライミング効果が大きいことになります。

③**知覚的同定課題**は、学習モードの後で、単語を瞬間的に見せてどのくらい正しく読み取れるかを調べるテストです。単語の呈示時間は20分の1秒ぐらいで、一瞬のうちにパッと消

表2-1　単語完成課題テストの例（原田, 1988）

問題	解答
1.　こ□こ□く	考古学
2.　は□ぶ□□ん	博物館
3.　□っ□うほ	立候補
4.　ま□で□ぽ□	豆鉄砲
5.　□いち□く	垂直

表2-2　単語完成課題の正答率
（小松・太田, 1983よりデータの一部の数値を単純化）

	テストまでの時間（遅延時間）	
	直後	1週間後
学習項目	42％前後	42％前後
新項目	17％前後	17％前後

えてしまいますから、正しく読み取るのは決して簡単ではありません。しかし、学習項目と新項目の正答率を比較してみると、明らかに学習項目のほうが優れています。このテストでは、学習項目と新項目との読み取り成績の差がプライミング効果の大きさになります。

想起意識とプライミング効果

以上の方法で測定できるプライミング効果は、過去の学習経験が課題解決に促進効果をもたらしているにもかかわらず、学習者本人にはその自覚がほとんどありません。その極端な例として**健忘症**患者を対象にした実験があります。健忘症患者は、自分が見聞きしたことをすぐに忘れてしまうので、学習モードを経験したという記憶さえ消えています。テストモードで再生や再認[4]といった記憶課題を与えると、当然のことながらまったくできません。ところが、プライミング効果は健常者と同じように生じるのです。

エピソード記憶[5]は想起した際にかならず**想起意識**（「思い出した！」と思う意識）をともないますが、プライミング効果はそうではありません。この点でプライミング効果は無意識の記憶に支えられているといえるでしょう。よって、想起意識がともなうエピソード記憶を**顕在記憶**、想起意識とは無関係なプライミング効果をもたらす記憶を**潜在記憶**とよぶこともあります。

直接プライミング効果と間接プライミング効果

これまでに説明したプライミング効果は、**直接プライミング効果**といわれるものです。これを調べる場合は、テストモードで学習項目と新項目をランダムに交ぜてテストします。

3　ここでは、トマトとポテトの両者で親近度（なじみ）や有意味度（連想量）などが等しいと仮定しています。

4　「1　エピソード記憶と意味記憶」参照

5　「1　エピソード記憶と意味記憶」参照

そのほかに、**間接プライミング効果**という現象もあります。それを調べるときは、テストモードで新項目だけを出してテストします。学習項目は出しません。新項目には2種類あり、1つは学習項目と意味的に強い関連をもつ単語（これをターゲット語といいます）、もう1つは学習項目と意味的関連性がうすい単語（非ターゲット語）になっています。たとえば、「鳥」が学習項目に含まれていて、テストモードで新項目の「ウグイス」と「マラソン」を出すとき、「ウグイス」はターゲット語、「マラソン」は非ターゲット語です。テストモードで単語‐非単語判定課題を実施すると、ターゲット語「ウグイス」の反応時間が非ターゲット語「マラソン」のそれよりも速くなることから、学習項目とターゲット語の意味的関連性が課題解決に促進効果をもたらしたと考えられます。

この間接プライミング効果は**意味ネットワーク**[6]で説明できます。学習モードで「鳥」という単語を読むと、そこから自動的に連想が広がり、「翼がある→ウグイス→春に鳴く」などが無意識のうちに連想されていきます。それらの痕跡が無意識の記憶に残り、プライミング効果として表面化するというわけです。

直接プライミング効果と間接プライミング効果を比較すると、次のような違いがあります。第1に、直接プライミングの効果は長期間にわたって残ります。表2‐2に示すように学習モードから1週間後にテストしても効果は衰えないのです。間接プライミング効果はこれほど長続きしません。第2に、直接プライミングの場合は学習モードで**意味符号化**[7]を積極的に行なっても効果の大きさには影響しません。学習モードで見せられた単語を使って短文を作る条件と、ただ単語を見ている条件を比べても、成績に差がないのです。それに対して、間接プライミング効果の場合は学習モードでの意味符号化がプラスの影響をもたらします。

6　「4　符号化特殊性原理」参照

7　「4　符号化特殊性原理」参照

●参考書

太田信夫編（1988）『エピソード記憶論』誠信書房

R・L・クラツキー（1987）『記憶と意識の情報処理』川口潤訳、梅本堯夫監修、サイエンス社

3 状態依存効果

身体や気分と記憶の関係

ペンを持たずに漢字を思い出そうとしている人を見ていると、空中や手のひらの上などに指先で字を書くような動作を行なうことがあります。これを**空書**《くうしょ》[1]といいます。このように漢字を再生するときに自動的に指先が動くことがあるという事実から、漢字の形はイメージなどの視覚的な成分だけで記憶されているのではなく、手の動きという運動感覚もあわせて記憶されていることがわかります。記憶は頭だけではなく、身体とも密接に関係しているようです。また、記憶は気分（つまり心）に左右されることも知られています。ここでは身体や気分と記憶の関係について見ていきましょう。

宣言的知識と手続き的知識

円周率は3・14だとか、徳川家康が江戸幕府を開いた、というような、言語や数式などによって記述できる知識を**宣言的知識**といいます。これは頭で覚えるものです。宣言的知識をどのくらい身につけているかは筆記試験で調べることができます。

それとは別に、自転車に乗るとか、平泳ぎをする、といった技能を支える知識もあります。技能を実際に行なうために**身体が**身につけた能力を、**手続き的知識**とよびます。手続き的知識はおもに身体で覚えるものです。言語や数式などで記述したり話して解説できても、その技能を実際に行なうことができなければ手続き的知識があるとはいえません。逆に説明でき

1　漢字の組合せ問題をやっているときにも、空書現象が観察される場合があります。たとえば、「黄」と「木」を組み合わせると「横」になります。では、「口」と「十」と「共」からは何という漢字ができるでしょうか。もう1問。「月」と「糸」と「口」からは何ができるでしょうか。このような問題をいくつか準備して、日本人など漢字文化圏の人に与え、その時の動作を観察すると、ほとんどの人が、空中や手のひらの上などに指先で字を書くような動作を自然に行ないます。

なくても実際に行なえるなら手続き的知識があるといえます。「畳の上の水練」という諺にあるとおり、いくら本を読んで平泳ぎのやり方を頭で理解しても、実際に水の中に入って泳いでみないと身につきません。平泳ぎに必要な身体の使い方をいったん習得すれば、その後は身体があたかも自動的に動くかのようになります。手続き的知識の習得度は筆記試験では調べられない場合もあり、実技試験が必要です。

宣言的知識は百科事典にたとえることができます。百科事典のようなデータベースが人間の頭の中に存在していると考えることもできます。百科事典のデータベースは言語や数式や図表などの記号列で記述されています[2]。その構造を知ることは、宣言的知識が人間の心の中にどのような形式で貯蔵されているのかという問題のヒントになります。

一方、手続き的知識は言語や数式や図表などで表現しきれない部分をたくさん含んでいます。この知識の中核は、ある技能をささえる一連の動作や行為の流れをコントロールするために必要な知識です。手続き的知識を記述するやり方として、**プロダクションルール**が役立ちそうだと期待された時代もあります[3]。

気分状態依存効果

楽しい気分のときに覚えたものは楽しい気分のときに思い出しやすく、悲しい気分のときに覚えたものは悲しい気分のときに思い出しやすいという現象があります。これを**気分状態依存効果**といい、次のような実験結果があります。感情や情動を喚起しない中立的な単語のリストを2種類準備し、学習モードでは、一方の単語リストを楽しい気分で、他方の単語リストは悲しい気分で被験者に記憶させます。被験者の気分は催眠によって操作します。テス

2　百科事典のデータベース化は、現在は「XMLタグ」による方法が主流になりつつあります。かつては、「命題」のネットワーク表現が脚光を浴びていました。XMLタグについては、XML文書の作り方に関する説明書を参照してください。命題のネットワーク表現という考えは人間は宣言的知識を命題の形式で記憶するという説です。命題とは「クジラは魚類だ」というような文で表現され、真偽が判定できるものを指します。

3　「15　人工知能（AI）」参照。しかし、プロダクションルールは結局のところ言語や数式や図表などで記述されており、いくつかの命題を順序立てて並べた表現でしかないことから、現在ではあまり重要視されないようです。

トモードでも、催眠によって楽しい気分や悲しい気分を誘導し、それぞれの気分のもとで単語リストを再生[4]させてみます。そうすると、学習モードで覚えたときと同じ気分で思い出すほうが、違う気分で思い出す場合よりも成績がよくなるのです。この効果は、なじみのある日常的な出来事を学習項目に用いた場合や被験者が大人の場合に生じやすいといわれています。ただし、実験者の催眠技量や被験者の非暗示性などが実験結果を大きく左右するため、常に安定して効果が得られるわけではないようです。

気分一致効果

楽しい気分のときは楽しい感情成分をもつ学習項目を覚えたり思い出したりしやすく、悲しい気分のときは悲しい感情成分をもつ学習項目を覚えたり思い出したりしやすいという現象があります。これを**気分一致効果**といいます（図3-1）。この効果は、学習モードもしくはテストモードのいずれかにおける気分と学習項目がもつ感情成分との一致・不一致に注目しており、学習モードとテストモードとの気分の一致・不一致を問題にする気分状態依存効果とは違います。

気分一致効果の実験は、心の状態と記憶の関係について興味深い結果を示しています。楽しい気分の被験者と悲しい気分の被験者に同じ物語を読ませ、1日後に自然な状態で思い出して話して（再生して）もらいます。被験者の気分は気分状態依存効果の実験と同じく催眠によって操作します。被験者が読む物語は、幸福な人物と不幸な人物の2人が登場します。このような実験を行なうと、楽しい気分で物語を読んだ被験者は幸福な登場人物に関するエピソードをより多く再生し、悲しい気分で物語を読んだ被験者は不幸な登場人物に関するエ

4　「1　エピソード記憶と意味記憶」参照

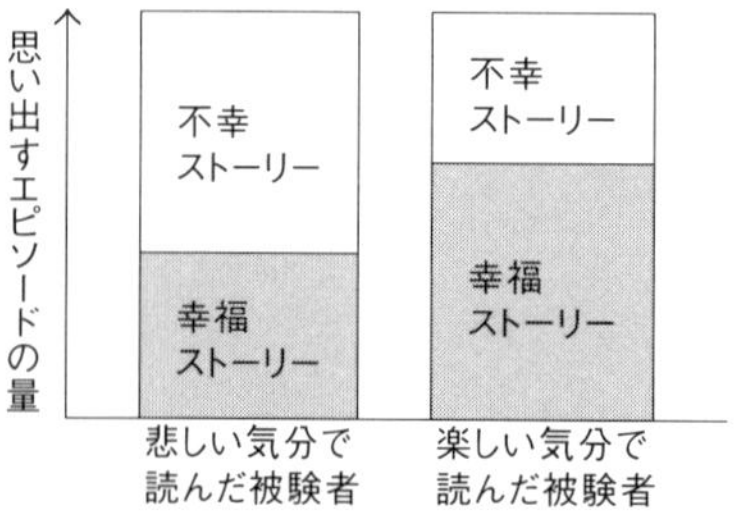

図3-1　気分一致効果

ピソードをより多く再生するのです。ただし、2人の登場人物のエピソードを合計して全体の再生量を算出し、物語を読んだときの気分の違いで比較すると思い出す量に差は見られません。つまり、人間は気分に一致した情報を無意識に選択してより多く覚えるのですが、学習モードの気分によって記憶成績全体が影響されることはないのです。

ここまでは被験者の気分を催眠によって操作した実験を紹介しましたが、被験者の自然な気分状態を利用した研究もあります。それによれば、抑うつ状態にある被験者は、否定的な学習項目をより多く思い出す傾向があると報告されています。

文脈効果

日々の生活は、自然環境のような外的状況のほかに、自分の身体状況や気分といった内的状態もくわえた総合的な環境のなかで営まれています。心理学では、ある時空間に存在した環境や状態を**文脈**ということもあります。

記憶成績は、学習モードとテストモードの文脈が一致するほど向上します。これを**文脈効果**といいます。文脈効果のメカニズムは「符号化特殊性原理」[5]で説明できます。学習項目と一緒に学習モードの文脈情報も記憶内に残り、テストモードで学習項目を思い出す際にその文脈情報が有効な手がかりとして働きます。漢字を思い出そうしているときに空書が生じるのは、漢字を覚えるときに手を動かしながら書いて記憶したからです。テストモードでも手を動かしながら思い出すと、手を動かさない場合よりも再生成績がよくなるのです。同じように、気分状態依存効果も文脈効果の一種です。

---

5 「4 符号化特殊性原理」参照

●参考書
浮田潤・賀集寛編（1997）『言語と記憶』培風館
佐伯胖・佐々木正人編（1990）『アクティブ・マインド』東京大学出版会

4　符号化特殊性原理

意味情報を探索するしくみ

映画やドラマの話をしているとき、出演者の名前を「ど忘れ」したことはありませんか。よく知っている人なのに、その人の名前がのどまで出かかって出てこないので、たいへんもどかしく感じた、という経験は誰にでもあるでしょう。これを**TOT**《ティーオーティー》**現象**といいます[1]。TOT現象から半日以上たって突然思い出したりすることもあります。なぜこのような現象が生じるのか考えてみましょう。

記憶における情報の流れ

記憶における情報の一連の流れは、大きく「記銘」→「保持」→「検索」の3段階から成ると考えられます。**記銘**とは、外界から情報を取り込むことです。**保持**とは、その、心の中に取り込んだ情報が消滅したり減衰したりしないようにすることです。そして、**検索**とは、利用したい（思い出したい）情報を正確に取り出す行為です[2]。

ある本が図書館内のどこかに確かに存在したとしても、所定の書架に位置づけられていないとか、目録に記載された情報が不備あるいは不正確などの事故が生じた場合、巨大な図書館では目標とする本が館内のどこかに埋もれて探し出せなくなります。そうなると、その本の実物を誰も簡単には発見できなくなるので、事実上は消えたに等しいことになり、検索に失敗します。これと同様に、記憶においても、保持情報の検索に失敗すれば**忘却**したとみな

1　TOT現象は tip-of-the-tongue phenomenon の略称です。

2　これらの情報の流れを図書館の業務にたとえると、次のようになります。

①新刊本が図書館に入ってくると、図書館員は目録を作成します。目録には、図書の大きさに関する情報、書名の読み情報、内容の分類コードなどを記載します。この段階が記銘に相当します。

②次に、それらの目録情報をデータベース化して電子メディアに保存します。電子メディアであっても時間経過とともに劣化しますから、記憶されていた目録情報が失われないよう保守点検する必要があります。この段階が保持に相当します。

③その本を利用したいときは、目録情報を手がかりにして書架から本を探し出します。この段階は検索に相当します。

されます。ど忘れの原因は、このような検索の失敗にあるのです。簡単な手がかりを与えられれば、ＴＯＴ現象（ど忘れの状態）からすぐに抜け出すことができます。

符号化とは

目や耳などの感覚チャンネル（感覚経路）から情報が入ってくると、何らかの表象が人間の心の中に形成されると考えられています。ある単語を目にしたとき、その文字列の視覚的な表象が成立します。このプロセスを**形態符号化**といいます。単語は読みの情報ももっているので、読みの表象も作られるのが普通で、これを**音韻符号化**といいます。さらに、単語には意味の情報もあるので、その表象が形成されることを**意味符号化**といいます。ごくごく簡単に言うと、「見ため」「読み方・音」「意味」のことです。

このように同じ情報であっても、人間がどの側面に注意を向けるかによって、形態符号化、音韻符号化、意味符号化の３つに分けられます。たとえば、〈はし〉という単語に対して「平仮名２文字だ」と意識した場合は、文字列の形に注意を向けたので、〝形態符号化した〟と言うことができ、形態符号が記憶内に貯蔵されます。「この単語はハという音を含んでいる」と考えた場合は、読みに注意が向いているので音韻符号化した、と言うことができます。「この単語は、橋、端、箸のいずれだろうか」と考えた場合は意味符号化した、と言うことができます。

意味符号化と連想

単語の意味符号化を図４‐１の**意味ネットワークモデル**で説明してみましょう。意味ネットワークモデルは、概念をノード（単語）とリンク（単語間をつなぐ経路）で表現します。頭の中に図4‐1のネットワークをもつ人に「鳥」という単語を読ませると、リンクを経由して連想が広がり、「翼がある、動物、ウグイス、春に鳴く、ペンギン、南極にいる」等のノードが連想されます。どのノードがどのリンクを経由して連想されたかの記録は、その一部が記憶痕跡となって保持されます。これが**意味符号化**のプロセスです。なお、ここでの連想は意識化されないものも含んでいます。

連想される語数が多い、つまり連想生産度が高い場合には、刺激語から数多くのリンクが他のノードに張られていることを示しています。リンクの形成には、意味ネットワークに登録されているノード（単語）どうしの関係が濃密になることが求められます。このような作用を**項目間精緻化**といいます。

連想生産度と有意味度

ある単語や絵を与えられる（刺激を受ける）ことによって心の中で産み出される意味の豊富さは、連想の量を調べることで明らかにできると考えられています。ある単語や絵の刺激を数十人の被験者に見せ、60秒間でなるべく多くの単語を連想するように教示します。刺激に対する連想語数を調べ、平均値を算出したのがその刺激の被験者にとっての**有意味度**です。有意味度はその刺激の認知されやすさや認知の深さを左右することが知られています。

符号化特殊性原理

記憶情報の検索は、記銘段階（符号化時＝覚えた時）の状況と検索段階（テスト時＝思い

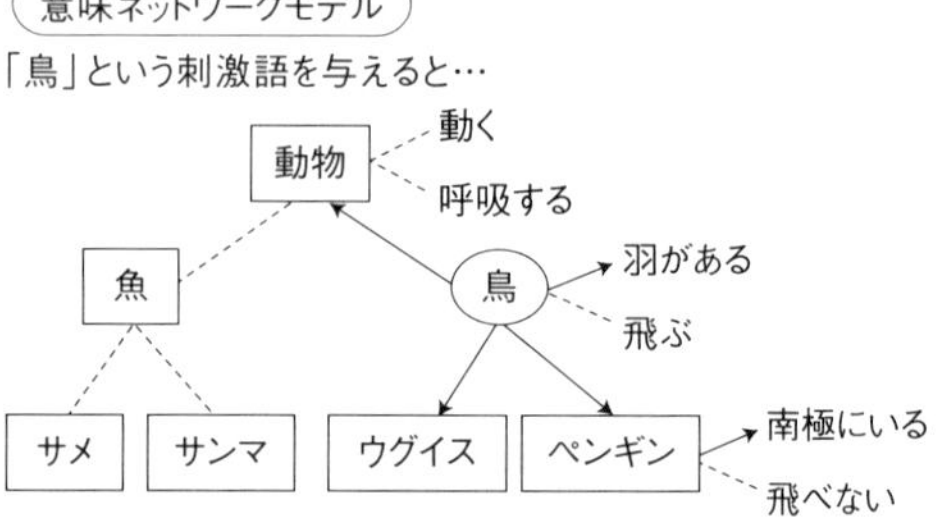

図4-1　意味ネットワークの例

出す時）の状況が一致しているほど効率が良くなります。ダイバーに単語リストを陸上および水中で記憶させ、再生テストを陸上および水中で実施してみると、水中で記銘した単語は水中でテストした場合のほうが陸上よりも記憶成績がよく、陸上で記銘した単語は陸上でテストした場合のほうが水中よりも思い出しやすいということがわかります。これは、単語とともに記銘時の環境や状況が符号化されて記憶内に残り、検索時に手がかりとして有効に働くためだ、と考えられています。このような説明を**符号化特殊性原理**といいます[3]。

再生と再認の検索過程の違い

同じことを思い出すのに、再生（思い出して書いたり読んだり）と再認（以前に見たことや聞いたことがあると気づくこと）をくらべてみると、どちらが簡単でしょうか。一般には、再認のほうが簡単で、再生よりも再認の記憶成績が高くなります。その説明として**再生の2段階説**があります。再認はテスト項目を見たか見ないかを判断するだけで済むのですが、再生はまず候補となる項目をいくつか頭の中で産出し、次にそこから見たことのある項目を選択して答えると考えられます。つまり、再生は産出過程→再認過程という2段階の処理を経るので、再認よりも難しい課題になるというわけです。ただし、いつでも再認が再生より簡単だとは言い切れません。再生時に手がかりを与えると、再認よりも記憶成績が優れる場合もあるからです。

3　符号化特殊性原理を符号化特定性原理ということもあります。

●参考書
太田信夫編（1988）『エピソード記憶論』誠信書房
高橋雅延・川口敦生・管眞佐子（1988）『ヒューマンメモリ』サイエンス社

5　記憶術
イメージと記憶

3.14159265358979323846…。これは円周率π《パイ》です。円周率を4万ケタ以上も暗唱することに成功し、世界記録として公認された経験をもつ人が日本には3人います。そのうちの2人は、友寄英哲《ともよりひであき》さんと後藤裕之《ごとうひろゆき》さんです。

友寄さんは、54歳のとき円周率4万ケタを暗唱し、1988年版ギネスブックに掲載されました。後藤さんは、慶応大学在学中の1995年に4万2195ケタ（マラソンの42・195キロにちなんでいる）を暗唱することに成功し、友寄さんの記録を破って当時の世界一になりました[1]。ここでは後藤さんが公開している覚え方を具体例として、記憶術について見ていきましょう。

円周率暗唱世界一の記憶法

数字等を暗記するのに最良な方法は、「語呂合わせ」です。その際に重要なのは、語呂合わせを映像化・イメージ化して心に強く印象づけることです。映像は記憶に長く残るからです。たとえば、鎌倉幕府のできた1192年を「いい国作ろう鎌倉幕府」と覚えますが、「いい国作ろう…室町幕府かな」と間違えてしまう危険性があります。後藤さんによると、完璧に覚えるには、寒い冬に源頼朝が「みんな！　もっと、雪のかまくらを建てて、いい国作ろうぜ！」と人々に指図している姿をイメージするのがよいそうです。「みんな！　もっと」を

1　後藤さんの記憶法も、基本的には友寄さんと同じです。その後、この記録は破られて、別の日本人が世界一になりました。

「源《みなもと》」に引っかけてあるので、室町幕府を開いた足利尊氏との混同を避けることができます。

では、実際に後藤さんが使った語呂合わせを円周率30ケタまで見ていきましょう。冒頭の「産医師、異国に向かう」は、昔からよく使われている一般的な覚え方ですが、それ以降は後藤さんが独自に考案した語呂合わせです[2]。

①小数点以下10ケタ目まで　3.1415926535：産医師、異国に向かう産後

産婦人科の産医師ヒロシは、海外に移住した弟から「兄さん！　助けてくれ！　僕の彼女が陣痛を起こしている！」と連絡を受け、異国の地に向かうことになった。しかし、海外旅行の経験がない彼は空港で右往左往。ようやく目的地に着くが、時すでに遅し、もう妊婦は自力分娩した後（産後）だった。

②11～20ケタ目　8979323846：爆竹ゾーン、兄さん走る

怒っている弟に「兄さん、来るのが遅いよ！　もういいから、とっとと帰ってくれ！」と罵倒された彼は、とぼとぼ帰る。だが、その国は内戦の絶えない危険地帯。ゲリラが地中に大量の爆竹を仕掛けた爆竹ゾーンに足を踏み入れてしまった兄さん（ヒロシ）は、パンパンと爆竹が破裂するなか、必死の思いで空港までの道を走る。

③21～30ケタ目　2643383279：二浪し、さんざん破産に泣く

命からがら空港までたどり着いたものの、あまりのショックでアタマがパーになってしまう。医師免許を剥奪され、再び試験を受けなければならなくなったヒロシ。アタマが悪いので二浪してもなお合格せず、受験費用だけがかさみ、さんざんな生活を送る。貯金も尽き果て、破産に泣くことに。

さて、ここで注目すべきは、すべて10ケタごとに区切っている点です。10ケタ単位で覚え

2　授業などで、この記憶術を使うグループと使わないグループに分けてデモンストレーションしてみると、面白いかもしれません。

ていくと、頭の中で整理しやすいのはもちろん、暗唱する際のリズムがちょうどよく、1ケタとばしたりするとすぐ気づくなどの利点がある、と後藤さんは指摘しています。

前に述べたように、語呂合わせだけで丸暗記していったのでは、すぐに忘れてしまうので、語呂合わせの文から頭の中でイメージを作ることが必要です。それができるようになると、次の段階では、映像化したイメージの順番を覚えます。10ケタごとに区切ると、円周率4万ケタを覚えるには4000ものイメージを覚えることになります。むやみに覚えていくだけだと、次はどのイメージか途中でわからなくなります。そこで大事なのが、イメージとイメージを延々とつないで、ストーリー性をもたせていくことです。後藤さんは、10ケタを1シーンとして、まるで長編映画のように物語を紡いでいくと述べています。

記憶術

記憶術には、ギリシャ時代から伝わる基本パターンが3つあります。その第1は語呂合わせで、数字は音に、音は単語に、単語は文に変換するものです。これを**分析的置換法**と呼ぶこともあります。第2は**イメージ法**で、文を心の中で映像化して記憶に刷り込みます。第3はイメージをつないで物語を作る**物語連鎖法**です。後藤さんや友寄さんの円周率の覚え方は、この3つのパターンを組み合わせたものです。そのほかに**場所法**というのもあります[3]。

円周率を10ケタずつ区切ると、1000ケタまでで100のイメージを暗記することになります。1000のイメージから構成される物語は、次のようにして覚えます。まず、10のイメージごとに章を作ります。10章まで作ったら、各章にタイトルをつけて、目次を作ります。そして、その目次を記憶術で覚えます。こうすれば、10×10＝100のイメージを比較的簡

3　場所法とは、場所（実際にある場所や架空の場所）をイメージし、その中に記憶したい対象を配置する方法です。つまり、記憶したい対象をよく知っている場所と関連づけて空間的に配列する方法のことです。

単に記憶できます。このように、頭の中でいくつかの情報をまとめてカタマリを作ることを**チャンキング**といいます。これも有用な記憶技法です。

直観像

絵などを見た後、そこに描かれていたものが壁面などにそのままの形で数十秒から数十分以上にわたって見える現象を**直観像**といいます。直観像がある人は、目にした光景をあたかも写真を見ているかのように思い出せるそうです。電話帳、時刻表、カレンダーなどを直観像で丸ごと暗記できる人もいます。

直観像の能力をもつ人は小学生ぐらいまでの年少者のほうが多く、年長になるほど少なくなることが知られています。言語能力の発達にともなってイメージ能力が退化し、直観像が弱くなるためではないかと考えられています。したがって、直観像は記憶術とは違います。先に紹介した記憶術は、語呂合わせや物語作りなどに使う言語能力が必要なので、語彙や文章能力がある程度身についた年長者のほうが年少者より断然有利なのです。

サヴァン症候群

ダスティン・ホフマンとトム・クルーズが主演した映画『レインマン』には、きわめて優れた直観像をもつ自閉症の人物が登場します。このように、天才的な記憶能力があるにもかかわらず、その他の知的能力に障害があるために自立して日常生活を送るのが困難なケースを**サヴァン症候群**といい、世界各地で存在が確認されています。

●参考文献
水島恵一・上杉喬編（1983）『イメージの基礎心理学』誠信書房
熊谷高幸（1991）『自閉症の謎　こころの謎――認知心理学から見たレインマンの世界』ミネルヴァ書房

6 記憶の体制化

記憶は変容する

時間がたつにつれて記憶内容があやふやになって自信をもてないということは、日常生活でもよく経験すると思います。では、はっきりと覚えている記憶内容は、いつも正確なのでしょうか。たとえば、ある事件の目撃者が、「犯人の顔を確かに覚えています」と自信をもって証言した場合と、「覚えているような気がします」と自信がない証言をした場合を比較すると、証言の正確さに差があるのでしょうか。その答は「いいえ」です。意外なことに、両者の証言の正確さに差はないということが、**目撃証言**に関する記憶研究によって明らかにされているのです。ここでは記憶がいろいろな関連情報と一緒になって再構成され、その結果としてより強固になっていくようすを見ていきましょう[1]。

物語の再認

ある物語に接してから1週間ぐらいたつと再認記憶が変容することを示した実験があります。被験者を2つのグループに分けて、学習モードで一方のグループには「キャロル・ハリス物語」を、もう一方には「ヘレン・ケラー物語」を聞かせました。キャロル・ハリス物語とヘレン・ケラー物語の違いは、以下のように登場人物の名前だけです。

キャロル・ハリス［ヘレン・ケラー］は生まれた時から問題のある子だった。彼女は野蛮

1　記憶は小さなきっかけで変化することがあります。また、人間の無意識には、ある出来事に関する一連の記憶をまとめて一つのカタマリとしたり、記憶の内容をある方向に変容させたりするパワーが秘められています。

で、強情で、乱暴者だった。彼女は8歳になっても、まだどうしようもなく、彼女の両親は彼女の精神衛生をとても心配していた。その州では、彼女の治療のためのよい施設が見つけられなかった。彼女の両親はついにある処置をとる決心をした。彼らは彼女の世話をしてくれる家庭教師を雇ったのである。

テストモードでは、この物語を聞かせた直後と1週間後に次の同じ質問（再認テスト）をしました。「さっき聞いた［1週間前に聞いた］物語の中に、彼女は耳が聞こえず、口もきけず、目が見えない、という文が含まれていましたか？」この質問の正答は「いいえ」です。直後のテストでは、どちらのグループも「いいえ」と正しく答えた割合が高く、グループ間で再認成績に差は見られませんでした。ところが、1週間後にテストしてみると、「はい」と誤って答える被験者がふえていました[2]。「はい」という誤答の割合をグループ間でくらべてみると、キャロル・ハリスの名を用いたグループは5％なのに、ヘレン・ケラーの名を用いたグループは50％にも達することが明らかになったのです。このように、記憶は1週間程度で変容してしまうことがあるのです。ヘレン・ケラー物語を聞かされたグループは、学習モード以前から持っていた「彼女は耳が聞こえず、口もきけず、目が見えない」という知識を使って1週間前に聞いた物語を再構成したと考えられます。

目撃証言を変容させる質問

物語の記憶だけではなく、ある光景や事故・事件についての記憶も意外なほど簡単に変容することが実証されています。たとえば、被験者に交通事故の映像を見せます。そして、1

2　このような反応を**誤警報**あるいは**虚再認**といいます。

週間後に、被験者の3分の1に「2台の車が激突したとき、どれくらいのスピードを出していましたか」と質問し、別の3分の1の被験者には「2台の車が当たったとき、どれくらいのスピードを出していましたか」と質問しました（残りの3分の1の被験者は車のスピードについて質問されない統制グループでした）。質問のポイントは「激突した」と「当たった」の違いにあります。実験の結果、被験者が推定した車のスピードの平均値は、「激突した」グループで時速65キロぐらいだったのに対して「当たった」グループは時速55キロぐらいになりました。質問の言い回しだけでスピードの推定値が時速10キロほど変化したのです。また、「割れた窓ガラスを見ましたか」という質問については、「激突した」グループで32％が「見た」と回答したのに、「当たった」グループで「見た」と回答したのは14％と半分以下にとどまり、統制グループの12％とほぼ同じでした[3]。

これを現実の目撃証言にあてはめてみましょう。目撃者はある出来事を目撃した後に、警察関係者や報道関係者などから質問を受ける可能性があります。その質問応答のやりとりのなかで、質問者の微妙な言い回しが目撃者の記憶をゆがめていく危険性があります。

さらに興味深い事実があります。証言内容について目撃者がもっている自信の程度と、証言の正確さの間にはほとんど関連がない、という結果が出ています。つまり「車は一時停止したように思います」というケースと「車は確かに一時停止しました」というケースを比較すると、証言内容の正確さに差がないのです。このような目撃証言を対象とした記憶研究は、証言の信憑性を判断するために実際の裁判で参考にされることもあるようです。

精神分析理論との関連

3　Loftus & Palmer, 1994.

ある単語を刺激語として用いて、それについて連想する単語を自由に言わせる**言語連想検査**は、フロイトやユング[4]によって一般にも広く知られるようになりました。ここではユングの用いた言語連想法を紹介しましょう。あらかじめ定められた100個の刺激語があり、検査者は被験者に対して、「今から単語を一つずつ順番に言いますから、それを聞いて思いつく単語を一つだけ、できるだけ早く言ってください」と指示して、ストップウォッチを持ち、刺激語を言って相手の反応した単語と反応時間を記録します。このようにして、100個の連想が終わったあとで、「もう一度くり返しますので、前と同じことを言ってください」と指示し、再検査を行ないます。前回の反応を覚えていたときはプラス（＋）、忘れていたときはマイナス（－）を記入し、一回目と違う言葉を言ったときはそれを記録していきます。

被験者の心の底に父親への強い攻撃性が存在しているような場合、このような言語連想検査の場で、何らかの刺激語に対して無意識のうちに反応し、意識の統制を乱すことがあります。たとえば、「死」とか「打つ」とかの刺激語に対して、父親についての思い出や感情などが浮かびあがってくるとき、これに対して意識的に統制された適当な反応ができず、反応時間がおくれるとか、再生[5]のときに忘却するような障害が生じてくるのです。父親や厳しい上司などの記憶が被験者の心の中で一つのカタマリとなって、恨みや憎しみの感情によって色づけられているのですが、当人はそのことを意識していないことが多いのです。このように無意識に存在し、何らかの感情によって結びついている心的内容の複合体が通常の意識活動を妨害する現象をユングは観察し、そのような心的内容の複合体を**コンプレックス**と名づけました。コンプレックスとは、記憶の束がある感情によって**体制化**[6]され、意識の統制を乱したり記憶を変容させたりするまでに成長したもの、といえます。

---

4 フロイトはオーストリアの精神医学者で精神分析の創始者。フロイトは被験者の夢について自由に連想させる手法を開発しました。夢には抑圧によって変容された記憶が登場するとフロイトは考えました。ユングはスイスの心理学者・精神医学者で、分析心理学の創始者。

5 「1 エピソード記憶と意味記憶」参照

6 単語リストの自由再生実験においては、群化（クラスタリング）や主観的体制化（単語が一定のまとまりで思い出されること）という現象が生じることもあります。

●参考書
U・ナイサー編（1988）『観察された記憶（上）自然文脈での想起』富田達彦訳、誠信書房
河合隼雄（1971）『コンプレックス』岩波新書

7　デジャビュ

記憶の記憶

初めて見る光景なのにいつか見たような感じがするとか、初めて会った人なのにどこかで会った気がする、という経験はありませんか。これは**デジャビュ**あるいは**既視感**《きしかん》と呼ばれています。本格的なデジャビュが起きると、初めて見た光景だという事実を頭では理解しているのに、昔からその光景をよく知っていると強く感じ、妙に懐かしい感情に支配されます。デジャビュは虚再認（見ていないものを見たと誤再認する反応）の一種であり、典型的な光景を目にしたときほど起こりやすいと言われています[1]。ここでは、デジャビュの背後にある記憶のメカニズムを探っていきましょう。

記憶内容の現実感――夢か現実か

玄関の鍵をかけただろうか、ガスコンロの火を消しただろうか、電気カーペットのスイッチを切っただろうか、などが記憶のなかではっきりしなくなり、外出先でふと心配になったということはありませんか。これは、そうしようと思って頭の中でえがいた「想像」の記憶と、「事実」の記憶との区別がつかなくなり、混乱が起きたことを示しています。

社会生活を円滑に送るには、事実と想像を区別する能力が必要です。この能力を、**リアリティ・モニタリング**といいます。リアリティは現実感を、モニタリングは自分自身の心の内容をチェックすることを意味します。記憶のリアリティ・モニタリングとは、記憶内容がも

1　典型的光景の例として、並木道、古い町並み、公園などがあります。

つ現実感の程度の高低を無意識のうちにチェックし、その記憶が事実と想像のどちらにもとづくものなのかを判別する能力です。統合失調症、認知症、精神錯乱、薬物中毒などでは、この能力が失われます。年少の子供も、この能力が十分に発達していないようです。また、正常な大人の場合でも、記憶のリアリティ・モニタリングが混乱したり、不確かになったりするのは先に述べた玄関の鍵の例のように普通に見られることです。

デジャビュという現象は、初めて見た光景だという事実を意識しているのと同時に、その光景を過去に見たという記憶のリアリティ・モニタリングも強烈にはたらいているという、矛盾したアンビバレントな心理状態から生まれるのでしょう。

既知感――ＦＯＫ

昔はやった歌の一節を聞いてその歌手名を思い出そうとしたとき、うまく再生[2]できなかったとします。このような状況に被験者をおいて、歌手名を見れば再認[3]できそうかどうか答えてもらった（確信度を評定させた）後で実際に再認テストを行なうと、確信度と実際の再認成績は正の相関関係を示します。歌手名の再認に成功しそうだという自信がある曲ほど、実際の再認成績も高くなる傾向にあるのです。つまり、「自分が何を知っていて、何を知らないか」を知っていて、それを自分でモニターできる能力を人間はもっているのです。これを**既知感**とか**ＦＯＫ**《エフオーケー》[4]といいます。

既知感は、**ＴＯＴ現象**[5]とも関係があります。ＴＯＴ現象とは、「ど忘れ」して、ノドまで出かかって出てこないというものです。よく知っていることなのに（強い既知感があるのに）、再生にあと一歩で成功しないので、たいへんもどかしく感じるというわけです。

2　「1　エピソード記憶と意味記憶」参照

3　「1　エピソード記憶と意味記憶」参照

4　ＦＯＫは feeling of knowing の略です。なお、コンピュータにとっては検索が終わってみないと探しているデータがあるかどうかわからないのに、人間は探す前からあるかどうかだけはわかっているように感じることがあります。人間は、記憶内にデータが存在しそうな程度を、そのデータから感じる親近度（なじみ）の高さにもとづいて大まかに判断しているのだと考えられます。親近度の高さがある値（閾値）を越えたらデータがあるというようにしておけば、判断は非常に高速になります。

なお、ＦＯＫでは確信度と再認成績が相関するのに、目撃証言では自信と証言の正確さに相関がないといった、一見矛盾するような結論が得られています。これはＦＯＫ研究と目撃証言研究の実験方法に大きな違いがいくつもあるためで、結論が相反しているわけではありません。

5　「4　符号化特殊性原理」参照

既知感に異常が生じたとしたら、どのような事態が起きるでしょうか。まったく知らないことなのに知っていると感じた場合は、その答を求めて記憶の中を検索し続けることになり、時間と労力の無駄になります。強い既知感があるのに再生には成功しないというTOT現象に似た経験をしばしばすることになり、ストレスがたまるでしょう（再認も不可能です）。逆に、よく知っていることなのに知らないと感じた場合は、記憶の中を検索しないであきらめてしまい、これもせっかくの記憶が無駄になります（普通は既知感がゼロだと記憶にないことが明白なので、記憶検索を開始する必要がないのです）。

既知感に類似したものに前にも思い出したことがあるという**想起意識**[6]があります。想起意識が強いほど、再生や再認の成績はよくなる傾向が見られます。

メタ記憶

自分の記憶能力はどのくらいか、また記憶に役立つテクニックにはどのようなものがあり、それをどう使いこなすか、などについての知識を**メタ記憶**といいます。メタ記憶とは、記憶についての記憶、あるいは記憶についての知識という意味です。

大人は記憶テストを与えられると、さまざまな工夫をします。学習モードではリハーサル、語呂合わせ、イメージ法、物語法などの記憶術[7]を駆使するでしょうし、テストモードでも思い出すための努力を惜しまないのが普通です。しかし、幼児は意図的に記憶術を使うことが少なく、テストモードでも答を思い出せないとすぐにあきらめてしまう傾向があります。

メタ記憶は次の2つに大別できます。①学習モードやテストモードで意図的な心的努力が必要であるという「気づき」。テストモードで与えられる課題を予想し、それに対応するた

6　「2　プライミング効果」参照

7　「5　記憶術」参照

めに記憶する際に有効な手を打つという意思決定ができるかどうかが重要です。②記憶に有効な手としてどのようなものがあるかの知識。その知識には、自分の記憶能力を知ること、課題の特性を知ること、その課題に最適な手は何かを知ること（選択能力）、の3つの要素があります。たとえば、自分の記憶能力では短時間に円周率30ケタを暗記できないと気づけば、何らかの工夫が必要だと思うでしょう。再生と再認では課題の特性に違いがあると気づけば、テストモードの課題を予想して学習モードで対応策を準備できます。

メタ記憶の発達

数個の数字列を記憶する課題を5歳児に与えると、**リハーサル**[8]を行なうことは少ないようです。そこで、リハーサルをしながら覚えるように指示すると、5歳児でもリハーサルを用いることが可能で、再生成績も向上します。リハーサルという記憶方略を使えるのに、それを自発的に使用しないのです。その原因は、記憶項目を反復しないと忘れてしまうことに、幼児が気づいていない点にあります。小学校に入学すると、テスト勉強などを通じてリハーサルが有効であることを知り、自然にリハーサルをするようになります。

記憶術のうち**物語連鎖法**[9]などは、小学校低学年の子どもに教えても、言語能力が十分に発達していないので物語を自分で作ること自体が無理でしょう。このように、ある記憶方略が有効であることに気づいても、その記憶方略を使いこなす基礎能力が欠けているとか未発達であるということもあります。このような場合は、基礎能力が十分に発達するまで待ち、そのうえで記憶方略の有効性を教えるのがよいのです。大人でも物語連鎖法などを知らない人もいますので、メタ記憶は生涯を通じて発達する可能性があるといえます。

8　「1　エピソード記憶と意味記憶」参照

9　「5　記憶術」参照

●参考書
小谷津孝明編（1988）『記憶と知識』認知心理学講座第2巻、東京大学出版会

パート・2

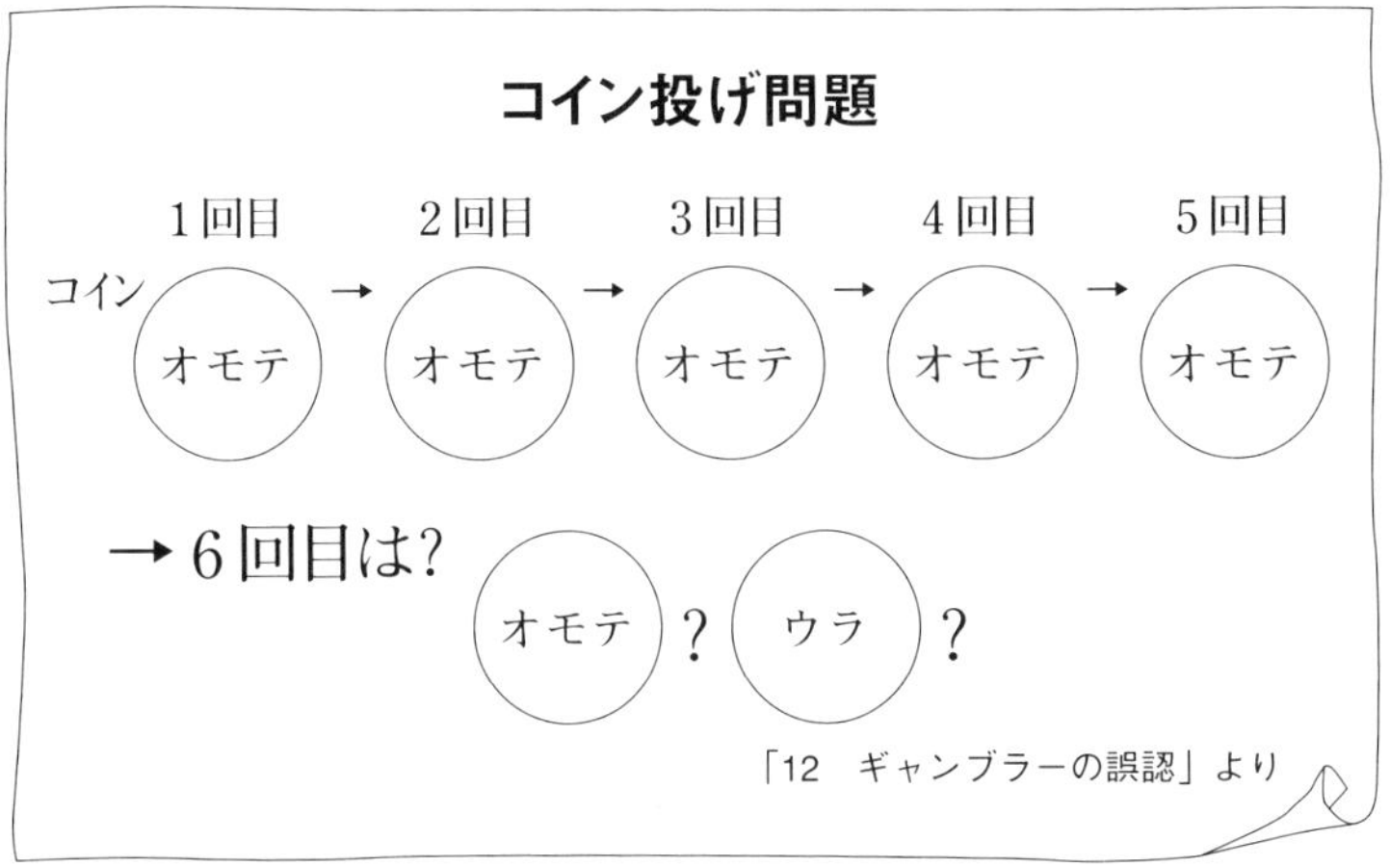
コイン投げ問題
1回目
2回目
3回目
4回目
5回目
コイン
オモテ
オモテ
オモテ
オモテ
オモテ
→6回目は?
オモテ ?
ウラ ?
「12　ギャンブラーの誤認」より

思　考

8　物語文法
思考を支える枠組み

思考と言語は切っても切れない関係にあります。数学の問題を解く場合であっても、心の中で言語を一切使用しないで、純粋に図形イメージや数式だけを使って考えることは、普通の人には無理でしょう。言語は思考の道具だといわれています。多様な言語を比較して、語彙や統語規則（文法）の違いなどが、思考にどのような影響を及ぼすのかを調べる研究は、言語学の分野などで行なわれています。一方、心理学では、言語の大きな単位・まとまりとして「物語」に注目し、物語形式で考えたり、理解したりする仕組みが心の中でどのように働くのかを研究しています。ここでは、視覚認知の簡単な実験例からスタートして、思考の進め方における大きな枠組み・パターンについて見ていきましょう。

ボトムアップ処理とトップダウン処理

図8－1はよく知られている錯視図形の一種です。線分の長さは、AB間とCD間で同じになるよう作図されています。モノサシでそのことを確認した後で、もう一度これを眺めてみて下さい。同じ長さに見えるでしょうか。AB間のほうが長く見えるのが普通でしょう。両者の線分は同じ長さだという知識をもっていて、そのことを頭ではよくわかっていて強く意識しているのに、どうしても違って見えてしまうのです。このように、感覚器官から入ってきた知覚データが、知識や意識のコントロールから独立して自律的に働くことを、**ボトム**

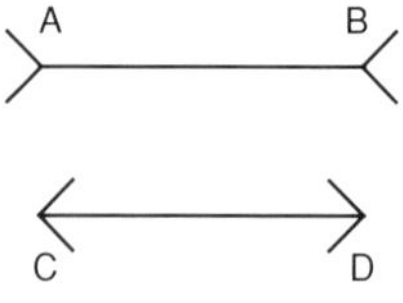

図8-1　錯視図形の例
「ミュラー・リヤー錯視」

アップ処理あるいは**データ駆動型処理**といいます[1]。

図8－2は多義図形の例です。白い部分に注目して「壺だ」と思えば、壺に見えます。黒い部分に意識を向けて「二人の顔が向き合っている」と思えば、そのように見えます。見え方が壺と顔の2通りあることを知っていれば、自由に視点を切り替えて、見たいほうを見ることができます。ただし、壺か顔のどちらか一方だけを見ることができるのであって、両者を同時に見ることはできません[2]。このように、意識をどう持つかによって見えるものを変えることができるような認知の仕方を、**トップダウン処理**あるいは**概念駆動型処理**といいます。思考は、トップダウン処理で進められます。

フレームとスキーマ

人間は、何らかの知識にもとづいて思考したり理解したりします。知識のうち、ある事象に共通した属性の集合体を**フレーム**といいます[3]。新しい場面への対処は、フレームに個別的なデータを付け加えれば理解することができるようになります。たとえば、一般的な「自動車」のフレームとは｛タイヤが4本、ハンドルがある、ウィンカーが付いている｝といったデータ構造になります。見たことのない変な形のボディでも、タイヤが4つ、ハンドル、ウィンカーが付いていれば自動車だと考えることができます。またフレームのおかげで、タイヤが木の陰に隠れて見えなくても、自動車であることがわかります。

これと同じく、いろいろな事象を理解するためのひとまとまりの知識の大きな集合体を、**スキーマ**とよぶことがあります[4]。フレームとスキーマを比較してみると、本質的な違いはほとんど見られません。両者とも、思考や理解をトップダウン処理で行なう場合に働く知識

図8-2　多義図形の例「ルビンの壺」

1　知覚データは感覚器官から入り、それが意識にたどり着く、という流れを想定すると、感覚器官は流入口「ボトム」、意識は終着点「トップ」とみなすことができるので、「ボトムアップ処理」と呼ばれます。意識のコントロールには従わずに、知覚データが自律して働くことを「カプセル化された処理」ということもあります。

2　これを「意識の局在性」といいます。

3　人工知能の研究分野でミンスキーが提唱した用語です。

4　この用語は哲学者カントが初めて用い、1932年にバートレットが心理学に導入しました。

のまとまり、あるいは認識の枠組みだと考えられますが、フレームは事物に対して、スキーマは行為に対して使われることが多いようです。

メンタルモデル

ある事象について考えているとき、頭の中には、その事象に関する断片的な知識だけではなく、まとまった全体像としてのモデルが浮かんでくる場合があります。このような、思考にともなって頭の中に構築されたモデルを**メンタルモデル**といいます。新しい機器や道具を使うときにも、メンタルモデルが形成されることがあります。たとえば、新型のデジタルカメラの使い方については、初心者からベテランまでいろいろなレベルの理解があり、それぞれに違ったメンタルモデルがありうるのです。取り扱い説明書（マニュアル）[5]は、利用者に理解しやすい言葉で具体的に表現されていなければいけません。

物語文法

多くの**物語**には、共通の骨組みがあります。いろいろな物語が、基本的には同じ構成で、同じ進行パターンを有しています。論文の場合も同様です。野口悠紀雄は、物語や論文の典型は冒険物語だと考え、以下のように考察しています[6]。物語を構成する共通要素と進行パターンは次の5点に整理できます。

①**故郷を離れて旅に出る**　冒険物語は、主人公が旅に出ることで始まります。桃太郎は、おじいさんとおばあさんに旅立ちを告げ、鬼ヶ島を目指して出発します。

5　利用者の不完全だったり間違ったりしているメンタルモデルは、実際にデジタルカメラを使いながらマニュアルを読み返すことで修正され、次第に完全なモデルに近づいていきます。製品を作った人のメンタルモデルと、それを利用する人のメンタルモデルが、すんなりと一致するようにマニュアルをデザインする必要があるのです。

6　野口（2002）。野口の専門は経済学ですが、物語文法の本質を的確に捉えています。

②**仲間が加わる**　一人旅は退屈だし、物語の発展可能性も制約されます。そこで、必ず道連れが現れます。仲間の個性は「好ましい属性」を象徴しています。桃太郎の場合は、犬（勇気）、猿（知恵）、などが家来になります。

③**敵が現れる**　旅は順調には進みません。敵が現れて、主人公の目的達成を邪魔します。敵は、仲間に対立する概念です。

④**最終戦争が勃発**　敵と味方の対立が激化し、決着をつけるために最終戦争が起きます。桃太郎の場合は、鬼ヶ島での戦いです。この戦争は主人公側の完全勝利で終結します。

⑤**故郷へ帰還**　主人公は戦後の国にとどまることを要請されるのですが、故郷に帰って日常生活に戻ります。桃太郎は、宝を持って帰ります[7]。

ここで示したような、さまざまな物語に共通する要素と進行パターンを物語文法といいます。世界中の神話や民話のほか、論文なども、物語文法に従うと考えられています。しかし、物語文法には不可解な部分もあります。主人公は、なぜ旅に出るのでしょうか。なぜ敵が現れるのでしょうか。そして、なぜ故郷に帰る必要があるのでしょうか。

論文の場合で考えてみると、日常生活や毎日の仕事が「故郷の暮らし」であり、一般理論や世界情勢は「旅」です。鬼などの悪役は「対立概念」または「反対概念」です。反対概念を示すことによって、論文が主張したい概念が対比され、両者の輪郭をくっきりと浮き彫りにできます。主張の位置づけを明確にするため、先行研究の定説、論敵の主張、世間一般での俗説などと対照させるのです。言語を使って思考を展開する際に、人類共通の基本的な枠組みが存在することを、物語文法は示していると考えられます。

7　故郷への帰還は、その必要性が見えにくいのですが、たいへん重要です。論文の内容が一般理論や世界情勢の話にとどまっていては「机上の空論」にすぎません。日常生活に引き戻して考える、あるいは応用できるものでなければ、役に立ちません。論文の場合にも、旅から普段の暮らしに戻ることによって、「ためになる」情報が手に入るのです。

●参考書
浮田潤・賀集寛共編（1997）『言語と記憶』現代心理学シリーズ5、培風館
野口悠紀雄（2002）『「超」文章法――伝えたいことをどう書くか』中公新書、中央公論新社

9　4枚カード問題と三段論法

演繹推論を左右する要因

論理的に考えることが大切である、という指摘をよく耳にします。論述文を書いたり、他人に何かを説明したりする場合にも、筋道を立てて話を進めようと心がけると思います。では、論理的に考えるとは、どういうことなのでしょうか。論理や筋道は、数学的なものと、心理的なものに、大きく二分できるようです。前者は、数学の世界で正しいとされるルールに照らして考えを進めるモードです。後者は、一般の人に、すんなりと理解できたとか、具体的に納得できたと感じてもらえる「説得力」を生み出す心的世界のルールに従うモードです。ここでは、**数学的論理**と**心理的論理**を比較対照しながら、人間の思考メカニズムを探っていきましょう。

4枚カード問題

人間は言葉や数式を用いて考えます。言葉や数式は記号です。コンピュータも記号を処理することができます。ただし、コンピュータの記号処理は、数学理論にもとづくルールに従って行なわれます[1]。このような数学理論にもとづく情報処理の働きを「計算」と呼ぶこともあります。人間とコンピュータは、記号を用いて計算できるという点で共通していますが、当然、両者には違いもあります。数値計算などでは、処理の正確さやスピードの面で、人間はコンピュータに勝てません。そのほかにも、記号の扱い方や理解の仕方に本質的な差があ

1　このようなルールを「形式論理」ということがあります。

ると言われています。それを**4枚カード問題**で考えてみましょう[2]

〈問題例1〉「オモテに母音が書かれていれば、ウラには偶数が書かれている」（図9-1）

このルールが守られているかを調べるには、最低どれとどれを裏返す必要があるか。

この問題は、大学生でも正解率が10％に満たない場合があると報告されています。たいていの人は、オモテに母音「A」が書かれているカードを裏返してみるべきだと考えます。これは正解です。次に、もう一枚裏返すべきカードは、どれでしょうか。多くの人は偶数「12」を選ぶようです。ウラが偶数ならば、オモテは母音でなければならないので、それをチェックしたい、と考えるのです。しかし、実際には、ウラに偶数が書かれていれば、オモテは子音であったとしてもルール違反ではありません。チェックすべきは、ウラに奇数「75」が書かれているカードであって、この場合にオモテが母音であると完全にルールが破られたことになります。では次の問題はどうでしょうか。

〈問題例2〉「一万円以上のレシートのウラには、ハンコを押さないといけない」（図9-2）

このルールが守られているかを調べるには、最低どれとどれを裏返す必要があるか。

この問題は、大学生で約90％の正解率になります。ほとんどの人は、裏返すべき一枚目のカードとして、オモテに「1万2000円」と書かれたレシートを選びます。当然、これは正解です。では、もう一枚裏返すべきカードは、どれでしょうか。多くの人はウラにハンコが押されていない「印なし」カードを選ぶようです。ウラにハンコが押されていないレシー

2　この課題をウェイソン（Wason）課題といいます。

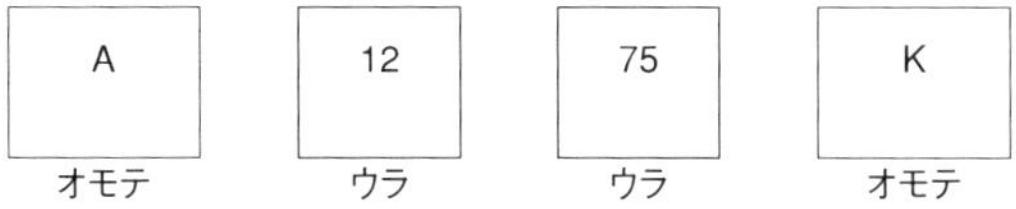

図9-1　問題1　抽象的な問題

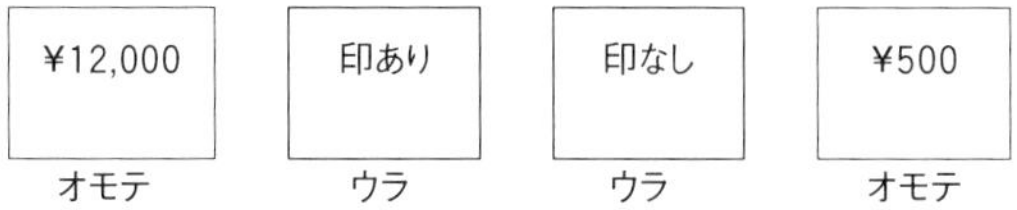

図9-2　問題2　レシート確認問題

トで一万円以上のものがあったなら、それはルール違反になります。

さて、この2つの問題例は、同じ論理構造をもっています。「母音」を「一万円以上」に、「偶数」を「印あり」に置き換えてみると、図9-1と図9-2はぴたりと一致します。抽象的な記号で表現すると同じ論理構造をもった問題なのに、どうして問題例1は正解するのが難しくて、問題例2は簡単なのでしょうか。まず、問題例2は具体的な状況をイメージしやすい点があります。抽象的な「母音」とか「偶数」といった無味乾燥な記号・用語は、日常生活でなじみが薄いため頭の中で無用な混乱を引き起こしがちです。もう一つ、さらに重要なことは、問題例2は「なぜハンコを押す必要があるのか」「なぜカードを裏返してチェックする必要があるのか」という疑問が生じた場合に、暗黙のうちにヒントを与えてくれる**文脈**をもっているという点です。問題文の背景文脈や状況が、人間の思考を自然に正解へと誘導してくれる仕掛けになっています。

演繹と帰納——一般と具体の架け橋

一般的・普遍的ルールから個別的・具体的事例に関する情報を導き出す推論を**演繹**といいます。演繹の代表例には、**三段論法**や**条件文判断**（4枚カード問題など）があります。「人は必ず死ぬ」という大前提と、「ソクラテスは人である」という小前提から、「ソクラテスは必ず死ぬ」という結論を引き出すのが三段論法です。前提を仮に真とすれば、推論を正しく進めると必然的に結論も真となります。「人は必ず死ぬ」という大前提と、「豚は人である」という小前提から、「豚は必ず死ぬ」という結論を導いたとしても、正しい演繹なのです。

一方、演繹の対義語である**帰納**は、個々の観察された事例から一般的・普遍的な法則を導

3　「10　プロトタイプ効果」参照

4　三段論法が思考心理学の研究で格好の課題として取り上げられてきたのは、数学的な正解と人間の解答のズレを分析するのに便利だという面もあるようです。

き出す推論です。その代表例として**カテゴリー判断**[3]などがあります。帰納による推論の場合、結論が真であるという保証がいつでも存在するとはいえません。人間の思考は、演繹と帰納がバランスよく組み合わされているようです。

三段論法の信念バイアス

日常生活で三段論法を使う場面というのは、いったいどのくらいあるのでしょうか[4]。三段論法を使うのが望ましい状況に遭遇したとしても、普通の人は別の推論方式を代用してその場を切り抜けると思います。論文を書くとか試験を受けるといった特殊なケースを除いて、人間社会では、数学的な妥当性よりも、心理的な説得力のほうが重要視されるからです。たとえば、先に述べた小前提「豚は人である」を提示された被験者は、実験者の意図をはかりかねて、豚が人である理由を質問したいと思うでしょう。同時に、その問題に取り組む意義はどこにあるのか不可解だと感じるに違いありません。

これと同じように、課題の数学的構造が同じであっても、「犬は動物である」が結論になっている三段論法のほうが、「犬は豚である」という結論になっているものよりも妥当だとみなされやすいことが知られています。このような現象を**信念バイアス**といいます。普通の人は「犬は豚ではない」という信念（常識）をもっています。犬が豚であるような世界は、具体的にイメージできないのです。人間の思考は、その課題に取り組む必要性・有用性に敏感なだけではなく、課題状況のイメージのしやすさにも大きく左右されるようです[5]。

5 人間の思考や推論は、言語を介して行なわれる部分が少なくありません。言語哲学者ヴィトゲンシュタインの**言語ゲーム**論では、言葉の意味とは、言語記号とそれが指し示すものとの対応関係を言うのではなく、むしろ言葉の使い方、用法として理解すべきだとされています。言語ゲームというのは、要するに、何かルールがあり、規則性があり、人間がそれを理解して実行するということです。常識に反する内容をもった演繹推論は、言語ゲームのルールを破るので、思考を乱すと説明することもできそうです。

●参考書
橋爪大三郎（2003）『「心」はあるのか』ちくま新書、筑摩書房
高橋和弘・服部雅史（1996）「演繹的推論」『思考』認知心理学4、東京大学出版会
佐伯胖（1986）『認知科学の方法』認知科学選書10、東京大学出版会
波多野誼余夫（1982）「演繹的推論」『推論と理解』認知心理学講座3、東京大学出版会

10　プロトタイプ効果

概念をまとめるしくみ

「イス」という言葉の意味を理解できるのは、なぜでしょうか。イスの意味を知っている人は、さまざまな物体について、イスか、それ以外のものかを瞬時に判別することが可能です。このような**カテゴリー化**は、事物・事象に関する概念形成と深く結びついており、思考や言語認知を支える基盤として重要な役割を果たしています。言語生活に欠かせない意味記憶は、事物・事象の分節化、つまりカテゴリー化を通じた名づけの働きによって獲得されるのです。

カテゴリー化の説明については、**表象理論**と**活動理論**の対立が注目されています。表象理論は、イスという単語の習得は、イスの特徴集合やプロトタイプ（典型）などの表象が頭の中に形成されることだと主張しています。一方、活動理論は、頭の中に表象は存在せず、環境に知識が埋め込まれていて、生体と環境との相互作用の中でカテゴリー化が生じると考えます。ここでは、表象理論の立場からカテゴリー化を考えてみましょう。

包摂とパターン認識

文字を読むことは、簡単なようでじつは複雑な側面を含んでいます。たとえば「ツ」と「シ」を別の字と見るには、かなり微細なパターンの違いに注意を向けて、両者を区別しなければなりません。そのほかにも、「ソ」と「ン」と「リ」など、カタカナには幼稚園児や日本語学習者が混同しがちな文字群が存在するようです。

手書き文字に眼を向けると、文字認知の不思議さが、より鮮明になります。筆跡鑑定が犯罪捜査などで実際に利用されているように、手書き文字には個人間で多種多様なパターンがあります。書道が芸術の一分野として成立しているのは、手書き文字に無限のバリエーション（変異）があるからでしょう。近年、手書き文字を自動的に読み取る装置（いわゆるOCR）の開発が進み、郵便物に記された郵便番号や宛先住所を、かなりの正確さでコンピュータが認識できるようになってきました。しかし、これらは、読み取り精度の点で、人間にはかないません。字形の変異を超越して、いろいろな書き手の文字を読むのは、予想以上に難しいことなのです。文字の形態やデザインに差があったとしても、人間はそれらを同じ字に**包摂**[1]（同じ字であると認識）できるおかげで、文字によるコミュニケーションが成立するのです。このように、形態がさまざまに異なるものを同じ一つのカテゴリーにまとめて認知することを**パターン認識**[2]といいます。文字を読むほかに、いろいろと表情が変化しても誰の顔かわかること、声を聞いただけで誰の声かわかることなどもすべてパターン認識が基本にあります。

帰納推論と概念形成

言葉には名詞（事物の名称）が含まれています。「机」という名詞の意味を知らない人に、どうやって「机」という言葉を教えるでしょうか。机A、机B、机C……と世界中にある机をすべて列挙しないと「机」という言葉が理解できないかといえば、そうではありません。有限の経験から、今後起こりうる無数の世界について名前が呼べるようになるのです[3]。最

1・2　包摂やパターン認識という用語は、心理学ではカテゴリー化とほぼ同義に扱っています。

3　哲学者ヴィトゲンシュタインの論考を下敷きにした橋爪（2003）の文章から引用。

初の何個目かの事例に接した時点で「ああ、これが机か」と思えて、そこから先は、今まで見たこともない机とか変わった色の机とかを見せられても、机かどうかを判別できるようになります。これがカテゴリー化や概念形成の本質です。このような精神作用を、**帰納推論**[4]といいます。

プロトタイプ効果

自然界に存在する事物についてさまざまなカテゴリーがありますが、各カテゴリーの中には「それらしい」事例のほかに、そうではない事例も存在するのが普通です。鳥カテゴリーの事例で「鳥らしさ」を比較してみると、スズメとペンギンではスズメのほうがより鳥らしく感じるという人は珍しくないでしょう。人工物の場合も同じで、家具売り場には、いろいろなデザインのイスが並んでいます。すべてのイスに共通する外見的特徴はありません。**アフォーダンス理論**[5]では、「座る」という行為を誘《いざな》う物体がイスなのだと考えます。イスとして分類されるさまざまな「もの」たちのイスとしてのメンバーシップは同等・均質ではなく、**典型性**の高さに違いがあります。このような典型性の差は、意味記憶の構造的特性の一面を反映したものだと考えられています。

刺激のカテゴリー判断、文の真偽判断など（例「スズメは鳥である」「ペンギンは鳥である」などの真偽判断）では、典型性の高い事例ほど速く正確に判断できます。また、カテゴリー名を呈示して、その事例を連想させる課題では、典型性の高い事例ほど連想頻度が高くなります。国立国語研究所の連想語彙表によると、東京に住む成人女性の場合、家具カテゴリーについて連想反応が多いのは、イス、机、テーブル、ベッドの順になります。つまり、

4　「9　4枚カード問題と三段論法」参照

5　佐伯・佐々木、1990

イスはベッドよりも「家具らしい」と認知されているようです。このように、典型性が認知に及ぼす影響を**プロトタイプ効果（典型性効果）**といいます。

基礎レベルカテゴリー

動物を目にしたとき、まずは「犬」や「カメ」といったレベルで言語化するのが普通であり、「哺乳類」や「爬虫類」のように抽象度が高すぎるレベルとか、逆に「ラブラドルリトリバー」や「クサガメ」など抽象度の低すぎるレベルで認知するのは、特別なケースを除いてあまりないと考えられています。概念の階層構造のうち、「犬」や「カメ」のように適切な抽象度による包摂水準を、**基礎レベルカテゴリー**といいます。幼児が母語を習得する際は、基礎レベルカテゴリーの語彙から獲得していきます。包摂水準が高い（抽象度が高い）ことを**粒度**[6]が粗い、逆に包摂水準が低い場合を粒度が細かいと呼ぶこともあります。

アドホック・カテゴリー

「赤ちゃん」「銀行預金通帳」「印鑑」は同じカテゴリーに包摂可能でしょうか。これら3者に類似性を見出せる人はあまり多くないかもしれません。しかし、ここに「火事の時に持ち出すもの」という文脈・状況を導入すれば、たちまち、赤ちゃん、銀行預金通帳、印鑑は同じカテゴリーの事例として凝集性をもち、包摂が生じます。このようなカテゴリー形成を**アドホック・カテゴリー**といいます[7]。概念をまとめるしくみは、あらかじめ意味記憶の中に貯蔵されているだけではなく、文脈や目的によって新たな意味を生成し、未知の状況に柔軟に対応できるような創造力を備えているのです。

---

6 粒度は、文字のデザイン差などを包摂する際に使用する基準を指す専門用語です。文字コードの標準化などに関係があります。

7 アドホック ad hoc とは「特別の」、特定の目的のための、という意味です。

●参考書
佐伯胖・佐々木正人（1990）『アクティブ・マインド』東京大学出版会
橋爪大三郎（2003）『「心」はあるのか』ちくま新書、筑摩書房
加藤弘一（2002）『文字コード』図解雑学シリーズ、ナツメ社

11　アナロジー

経済的に思考する

文章作成の技法として「比喩を用いて一撃で仕とめよ」というアドバイスがあります。比喩によって、読み手は文章内容を一瞬のうちに深く把握できるのです。このように比喩は、速く、深く理解するのに有効であり、経済的な思考様式だと言えます。ここでは比喩やアナロジーのメカニズムについて見ていきましょう。

直喩と隠喩

アナロジーは**類推**と同義語です。そして、比喩はアナロジーによって生成されます[1]。比喩は主語と述語で構成され、いろいろな形式を取りうるのですが、もっとも単純なのは「○○は××に似ている」「○○は××のようだ」あるいは「○○は××だ」といったものです[2]。前者のように比喩指標（に似ている、のようだ、みたいだ）を明示的にもつ表現を**直喩**（シマリー）、もたない表現を**隠喩**（メタファー）と言います。隠喩は直喩の省略形です。直喩の表現で「○○は××に似ている」という形式があることからも明らかなように、比喩の理解は土台の部分で類似性判断のメカニズムに支えられています。

類似性判断のメカニズム

多次元尺度構成法や因子分析法を利用すれば、心理的な類似性空間内で○○と××の間の

1　ある国語辞典によると、類推は「類似点に基づき他のことをおしはかること。2つの特殊的事例が本質的な点において一致することから、他の属性に関しても類似が存在すると推論すること。似たところをもとにして他のことも同じだろうと考えること。類比推理。」と説明されています。比喩については「物事の説明に、これと類似したものを借りて表現すること。たとえ。」となっています。

　つまり、アナロジーとは、ある領域における知識のシステムを別の領域に持ち込む認知的メカニズムを指します。

2　たとえられる側を「主題（トピックあるいはターゲット）」、たとえる側を「喩辞（ビークルあるいはベース）」と呼びます。「○○は××だ」

距離を求めることができます。○○から××までの距離は、××から○○までの距離と一致するのが普通です。これを距離の対称性と言います。ところが、人間が行なう類似性判断はいつも対称性が保証されているわけではありません。「カナダは米国に似ている」という表現はあまり変ではないのに「米国はカナダに似ている」というのは奇異に感じるという現象があります。これは、○○と××が似ている程度と、××と○○が似ている程度で、違いが見られる例です。

類似性判断の非対称性に関して、トヴァスキーらの**特徴比較モデル**による説明が有名です[3]。このモデルを大幅に単純化して紹介してみましょう。たとえば、カナダや米国などについて何らかの知識をもっているとして、両国の類似性判断の場面で利用される知識は、図11-1に示すように〔カナダの特徴集合〕と〔米国の特徴集合〕で表現できます。

カナダの特徴集合は{〔カナダの独自性〕＋〔両国の共通性〕}で、米国の特徴集合は{〔米国の独自性〕＋〔両国の共通性〕}でそれぞれ構成されています（以下、〔両国の共通性〕は単に〔共通性〕と呼びます）。〔共通性〕、〔主語の独自性〕、〔述語の独自性〕のそれぞれに対して、類似性判断のプロセスで注意が向けられる程度をθ、α、βという重みづけで表現すれば、次のようになります[4]。

「カナダは米国に似ている」程度

＝θ〔共通性〕－α〔カナダの独自性〕－β〔米国の独自性〕…①

「米国はカナダに似ている」程度

＝θ〔共通性〕－α〔米国の独自性〕－β〔カナダの独自性〕…②

では「○○」が主題、「××」が喩辞。比喩は主題と喩辞の間に類似性や共通点を見いだすことで、その意味が理解される言語表現です。言葉遊びのなかに、寄席の大喜利などで「○○とかけて××ととく。その心は～」という「なぞかけ遊び」がありますが、これもアナロジーの一種です。

3 トヴァスキー（1977）

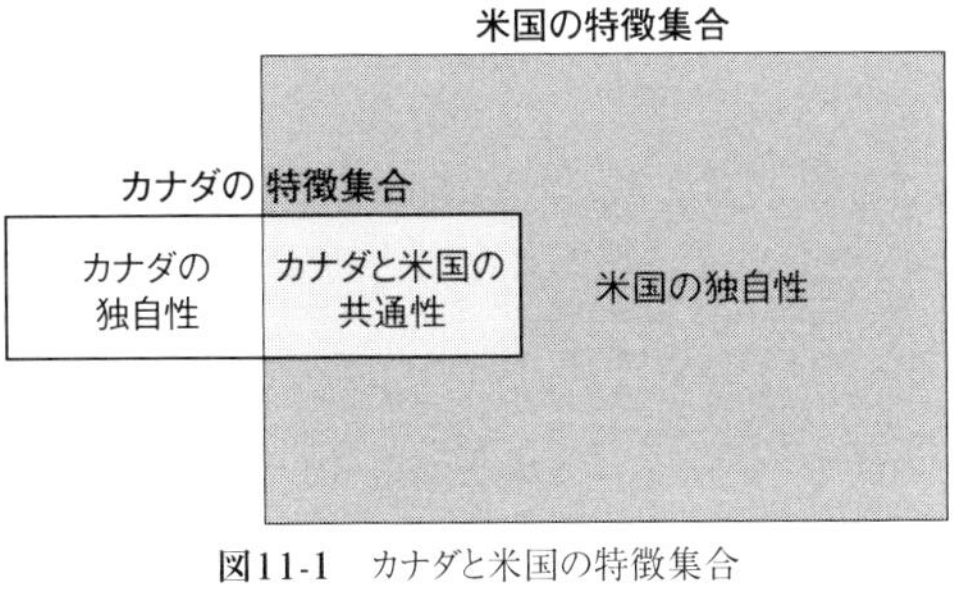

図11-1 カナダと米国の特徴集合

①式と②式の差を求めると

「カナダは米国に似ている」程度－「米国はカナダに似ている」程度＝

（α－β）｛〔米国の独自性〕－〔カナダの独自性〕｝…③

ここで③式の右辺（＝《イコール》の後ろ）に注目してみましょう。一般的に、米国のことはよく知られているけれどもカナダについてはあまり知られていないと思います。そのため、カナダの独自特徴に比べて、米国の独自特徴のほうが頭に浮かびやすいでしょう。その場合、〔米国の独自性〕＞〔カナダの独自性〕（非負）となります。また、類似性判断のプロセスにおいては、文の述部よりも主部に注意が向くと仮定すると、α＞β（非負）となります。

以上より③式の右辺はプラスになり、「カナダは米国に似ている」程度－「米国はカナダに似ている」程度＞0が導かれます。このような計算が心の中で行なわれ、「カナダは米国に似ている」程度が「米国はカナダに似ている」程度よりも高いと判断されるのです[5]。

比喩文理解のモデル

最近は、文理解のメカニズムに着目して比喩を捉えようとする**カテゴリー包摂モデル**が提唱されています[6]。比喩文「笑顔は花だ」の形式は、カテゴリー叙述文「イヌは動物だ」の形式と同じです。ここでの叙述文はイヌが動物カテゴリーに属することを述べているだけであり、比喩文も笑顔が花カテゴリーに含まれると述べているに過ぎません。ただし、比喩文

4　トヴァスキーらは、共通性を共有特徴、独自性を示差特徴と呼びます。これは言語学の用語を借用したものです。

5　図11－1を使えば、類似性判断の非対称性に関して次のような説明もできます。〔カナダの特徴集合〕に占める「米国らしさ（共通性）」の割合は、この図では、約50％に達します。一方〔米国の特徴集合〕における「カナダらしさ（共通性）」の割合は10％にも満たない状況です。「カナダの米国らしさ」は、「米国のカナダらしさ」よりも高いのです。この影響により、「カナダは米国に似ている」という表現のほうが「米国はカナダに似ている」という表現よりもしっくりくるのだと考えられます。

6　「クラス包摂モデル」が正確な呼び方ですが、ここでは「カテゴリー包摂モデル」とします。

は**アドホック・カテゴリー**を心の中に産み出す点で叙述文とは区分されます。アドホック・カテゴリーとは、目的や文脈に応じて、臨機応変にその場その場で生成されるその場や状況固有のカテゴリーのことです[7]。

カテゴリー包摂モデルでは、比喩文「笑顔は花だ」を理解するプロセスを次のように説明します。①述語がもつ意味特徴の一部が選択され、本来の意味特徴よりも抽象的なレベルに変容される。つまり、述語「花」は｛美しい色の花びらがある、カラフルである、そのうち枯れる｝などの意味特徴をもつので、それらの意味特徴をさらに広い範囲に適用可能な意味特徴へと抽象化して｛美しい、華やかな、永遠ではない｝というように変容させる。②その抽象化された意味特徴を有するメンバーが集まってアドホック・カテゴリーが生成される。③このアドホック・カテゴリーの意味特徴を主語に重ね合わせて、主語と述語の間の類似性や共通性を必要に応じて掘り起こし、比喩文の理解が完了する。｛美しい、華やかな、永遠ではない｝といったアドホック・カテゴリーの意味特徴を主語「笑顔」に重ね合わせて、「笑顔は美しい、華やか、永遠ではない」といった理解がなされる。

このモデルは、特徴集合の変容や生成のメカニズムを重視しています。その点が特徴比較モデルとは異なっています。

アナロジーや比喩は、主語と述語の間で新たな共通点を発見する働きをもつことから、**創造的思考**にも結びつくというメリットがあります。しかし、ある側面だけを強調し、ほかの側面を隠すという**バイアス効果**も有することに注意する必要があります。

---

7 たとえば、「火事の時に持って逃げるもの」など。「10 プロトタイプ効果」参照

●参考書
川崎惠里子編著（2005）『ことばの実験室――心理言語学へのアプローチ』ブレーン出版

12 ギャンブラーの誤認

意思決定のワナ

日常生活は、何を食べるか、何を買うか、どのテレビ番組を見るかというように、**意思決定**の連続です。人間はどのくらい合理的な意思決定ができるのか、また、意思決定を左右する要因は何か、といった研究が、経済学や経営学の分野でも数多くなされてきました。ここでは、ある出来事が生じる**確率**の大きさを推定する問題を中心に、思考に影響する**バイアス効果**を見ていきましょう。確率推定は、意思決定において重要な役割を演じるからです。

ギャンブラーの誤認

人間が行なう直観的な確率推定は、数学的に導かれる解（合理的判断）と、どのくらい違うものなのでしょうか。次の問題について、直観的に答えてみてください。

〈コイン投げ問題〉 コインを投げると、表と裏の出る確率はほぼ等しく、それぞれ50％ずつになるのが普通だと考えられます。では、偶然に5回連続して表が出たとすると、次に出やすいのは、表と裏のどちらでしょうか。

5回も連続して表が出たのだから、そろそろ裏が出るはずだ、と思う人が少なくないようです。コイン投げのようなランダム系列に対して、人間は「表（裏）が何回か連続して出た後は裏（表）が出やすい」と考えてしまう傾向があるようです。しかし、コインは記憶能力をもたないので、何回連続して表が出たかに関係なく、次に出るのは表も裏も50％で等しいのです。このような確率推定のバイアスを**ギャンブラーの誤認**といいます[1]。

感染者問題の意外性

〈感染者問題〉ある国では、男性1000人に1人の割合で、ある病気に感染しているという。検査薬によって、感染していれば98％の確率で陽性反応が出る。ただし、感染していない場合にも、1％の確率で陽性の反応が出る。さて、いま1人の男性に陽性反応が出たとして、この男性が感染者である確率はどのくらいか。

この問題は、「陽性反応が出た」というデータから「感染している」という仮説がどの程度支持されるかを確率で示すという例です。このような問題は、ベイズの定理[2]で数学的な解が求められます。ベイズの定理によれば、この男性が感染者である確率は8・9％となり、10％にも満たないという意外な解が導かれます。検査薬の精度がかなり高い場合であっても、実際に感染している確率は、直観を大きく下回る低い数値にとどまるのです。

ベイズの定理による解が意外に感じる原因は、人間が検査薬の精度にのみ注目し、非感染者の割合の高さ（事前確率）を無視してしまう点にあるようです。この点を、多少不正確ですが、わかりやすさを優先して大まかに説明してみましょう。ある国の男性のうち、1人の感染者と999人の非感染者の合計1000人が検査を受けたとします。すると、感染者で陽性反応が出る男性は約1人（1×0.98=0.98）ですが、非感染者なのに陽性反応が出る男性

1　ランダム系列に対して、ある種のバイアスをもって接するのは、ギャンブラーだけではありません。スポーツの世界などにも「ツキが回ってきた」とか「勝負の流れを引き寄せる」という言い方があります。実際にはランダム系列なのに、そこに解釈や意味づけを持ち込みがちであることが知られています。

2　ベイズの定理の数式を示します。事象Aが起きる確率を事前確率$P(A)$、事象Xが発生したもとで事象Aが起きる条件付き確率を事後確率$P(A|X)$とします。その場合、$P(A|X)$は「ベイズの定理」によって以下のように求められます。

$$P(A|X)=\frac{P(A|X)\bullet P(A)}{P(X)}$$

この定理（考え方）の学術面での是非については統計学者の間で論争が続いているようですが、実用面で役立つという実績が産業界で広く認められ、急速に支持者を増やしています。

は約10人（999×0.01=9.99）も存在すると予想されます。全体で陽性反応が出る男性は約11人（約1人＋約10人）ですが、実際の感染者は1人なので、陽性反応が出たとしても感染者である確率は11分の1、つまり約9％にとどまるというわけなのです。

典型例で考える

先の〈コイン投げ問題〉や〈感染者問題〉から明らかになった点は、人間は、目の前にあるデータが、母集団を代表する良いサンプルだと考える傾向をもっているということです。さらに、「なじみ」があってイメージしやすい事例や、過去の経験のなかで検索しやすい事例などにもとづいて意思決定を行なうことも知られています。

たとえば、ギャンブラーの誤認は、「ランダムなコイン投げの系列」という集団から取り出された小規模なサンプルであったとしても、「表と裏の出る確率は50％ずつ」という母集団の性質がそこに反映されていると考えてしまうために生じると説明できます。また、感染者問題は、検査を受けた人物だけをイメージし、その人物の感染確率を考えようとする傾向が見られます。少数の典型的な人物像を思い浮かべて、その小規模サンプルの中で判断しようとするのです。その結果、不特定多数の非感染者が考慮されず、非感染者なのに誤って感染とされる確率（0.999×0.01=0.00999）のほうが、感染者で陽性反応が正しく出る確率（0.001×0.98=0.00098）よりもずっと大きくなることを見逃してしまうのです。

意思決定の文脈効果

意思決定には、**フレーミング効果**あるいは**心的構成効果**と呼ばれる文脈効果に似た現象が生じることも明らかになっています。次の問題を考えてみてください。

〈予防対策問題〉 ある国で特殊な感染症が発生し、600人が死亡すると予測されている。予防薬が2種類開発され、それぞれの効果について以下のような推定値が出た。あなたなら、どちらの予防薬を選ぶか。

［肯定的文脈］　予防薬A：200人が助かる。
　　予防薬B：600人が助かる確率は3分の1で、誰も助からない確率は3分の2である。

［否定的文脈］　予防薬C：400人が死亡する。
　　予防薬D：誰も死亡しない確率は3分の1で、600人が死亡する確率は3分の2である。

ここでは、予防薬AとC、ならびに予防薬BとDは同じです。肯定的文脈では、「助かる、助からない」という動詞を使って、メリット（利得）を強調する表現になっています。内容はまったく同じであっても、「死亡する、死亡しない」という動詞を用いてデメリット（損失）に注意が向くように変えたのが否定的文脈の表現です。メリットを強調する肯定的文脈では、予防薬Aを選択する割合が高くなりますが、デメリットに注意が向く否定的文脈では予防薬Dを選択する割合が相対的に増えると報告されています。

以上のように、人間は記憶力や知識の不完全さを補うために、「当たらずとも遠からず」といった近似解が得られる簡便法[3]をうまく使いこなしているのです。

3　これを**ヒューリスティックス**といいます。そもそも、普通の生活では、時々刻々と変化する状況のなかで、錯綜する不確実な情報にもとづいて、限られた時間で判断するケースが多いため、ベイズ推定と同じようなやり方をしていると考えられています。

●参考書
市川伸一（1996）「確率判断」『思考』認知心理学4、東京大学出版会
竹村和久（1996）「意思決定とその支援」『思考』認知心理学4、東京大学出版会
佐伯胖（1986）『認知科学の方法』認知科学選書10、東京大学出版会

13 ひらめきと創造性

問題解決のプロセス

医学者フレミングがペニシリンを発見したきっかけは、ふとした観察から得た「ひらめき」によると伝えられています。ある時、研究室で2週間ほど放置されていた培養プレートにアオカビが発生しました。このようなプレートは失敗例として無視されるのが普通なのですが、フレミングの観察眼はアオカビの周辺だけブドウ球菌が繁殖していないことを見逃しませんでした。彼はブドウ球菌が頑強であることを知っていたので、アオカビにはブドウ球菌を死滅させる何かが含まれていると推理し、その存在を明らかにしたのです[1]。この発見で彼はノーベル賞を授与されました。ここではフレミングが行なったような創造的思考について見ていきましょう。

問題解決の4段階説

ワラスは、高度な問題解決や創造的思考について、次のような説を唱えました[2]。

①準備期：問題を解決しなければならない、あるいは創造的な仕事をしたいという強い意欲を持ち、必要な資料や情報を集めたり、一生懸命に考えたりして周到に準備する。

②孵化期（あたため期）：いったん問題から離れることで、準備期に考えたアイデアは一見そのまま放置される。しかし、無意識的には創造的思考が継続して進行する。準備期のアイデアが、卵を孵化させる時のようにあたためられる。

1　ジョンソン＝レアード、1989

2　Wallas, 1926.

③啓示期（ひらめき期）：突然、インスピレーションがもたらされ、問題解決の方法がひらめく。その考えは確信を伴う。

④検証期：ひらめきが妥当であるかを吟味し、創造的思考が現実のものとなる。

フレミングは、それまでの研究によって準備期と孵化期を経験していたので、アオカビが生えた培養プレートを見た瞬間に、ひらめきが舞い降りたと考えられます。医学者パスツールは「チャンスはそれを待ち受けている精神を好む」と述べています。

類人猿の知恵試験

ひらめきは類人猿にも生じるのでしょうか？　ゲシュタルト心理学者ケーラーは、チンパンジーを対象にして、次のような実験を行ないました[3]。

チンパンジーをオリの中に入れ、手の届かないところにエサを置きます。チンパンジーはエサが取れないので、何か道具を使う必要があります。オリの中には短い棒があるのですが、それはエサまで届きません。オリの外には、長い棒が置かれています。チンパンジーはこの問題をどのようにして解決するでしょうか？

ケーラーの観察によると、チンパンジーは短い棒でオリの外の長い棒をたぐり寄せ、それに持ち替えてエサを取りました。その際に、試行錯誤の行動はまったく見られず[4]、瞬間的な**洞察**（ひらめき）によって問題を解決したのです。ゲシュタルト心理学は、このような観察データにもとづいてチンパンジーなど類人猿にも洞察力（ひらめき力）が備わっていることを示したのです。

3　ケーラー、1962

4　行動理論では説明が難しい現象です。

収束的思考と発散的思考

ギルフォードは[5]、知能のモデルを研究するなかで、ただ一つの正解を導くタイプの**収束的思考**と、多くの解決策を発想するタイプの**発散的思考**とを区別しました。この考えにもとづいて、さまざまな創造的思考の検査が生まれました。

発散的思考力を測定する検査法の一つに「レンガ」テストがあります。これは「レンガの変わった用途を一定時間内にできるだけたくさん考えよ」という問題です。テストの結果をもとにギルフォードが因子分析[6]を行なったところ、創造性の因子として次の6つが抽出されました。①問題に対する感受性：問題点を発見する能力。②思考の流暢性：生成するアイデアの量。③思考の柔軟性：異なるアイデアを広範囲に生成する能力。④独創性：ユニークな答えを出す能力。⑤綿密性：具体的に工夫し完成させる能力。⑥再定義：ものを異なる目的に利用できる能力。以上の6因子は、いわゆる「頭がやわらかい」人の特徴をよく捉えていると言えるでしょう。

発想法

創造的思考は、ワラスが指摘するように、事前の周到な情報収集と、それにもとづいて自分の頭で考え抜く「準備期」が欠かせません。しかし、現実社会では、コストなどの面で十分な時間と手間をかけられない場合もめずらしくありません。優れたアイデアを手っ取り早く得る技法があれば、とても便利です。実際に産業界などで利用されている発想法のうち、代表的なものを2つ紹介します[7]。

---

5 Guilford, 1950.

6 因子分析とは、たくさんの量的データの中に少数の共通する要因を求める代表的な統計的方法です。

7 小橋、1996

(1) ブレインストーミング法：グループ討論によってアイデアを生み出すための技法。新しいアイデアが提案されたとき、それが十分育たないうちに批判すると、対象になったアイデアが消滅してしまうだけではなく、それを改善したり、それからヒントを得て生まれたりする他のアイデアの可能性まで排除することになる。1940年代からオズボーンは、アイデア生成段階とアイデア評価段階とを明確に分離した会議の方法である「ブレインストーミング」を開発した。ブレインストーミングは以下の原則で要約することができる。①批判を排除せよ。②自由奔放な意見を歓迎せよ。③できるだけ多くのアイデアを出せ。④アイデアどうしを結びつけ、さらによいアイデアを生成せよ。⑤問題を的確に定義せよ。

(2) ＫＪ法：文化人類学者の川喜多二郎（ＫＪ）が提唱した方法。大量かつ多様な質的データを総合的に把握する過程で新しいアイデアを得ようとするもので、個人でもグループでも実施できる。次のような段階がある。①テーマを決める。②情報を取材し単位データ化する。③データを1文に圧縮してまとめて（見出し化）ラベル化する。④主観的に類似したラベルどうしを集める。⑤ラベル群に、それらを凝縮して表現したラベルを与える。⑥ラベルをさらに上位の群にまとめる。⑦グループ構造を活かしつつラベル群を平面上に配置する。⑧叙述化する。ここまでを1ラウンドと呼ぶ。⑨上記のラウンドを、提起する問題や現状を把握し直したり、観点を変えつつ何回か繰り返す場合もある。

これらの技法が実際の問題解決場面においてどの程度の効果を発揮するのかは、それを実証的に検討した研究が乏しいため、よくわかっていません。しかし、自分や他人の思考内容を外在化し、交換可能なかたちにする点でたいへん役に立ちます。思考内容の外在化は、思考内容の確認や、自己との対話を促進するという効用があります。

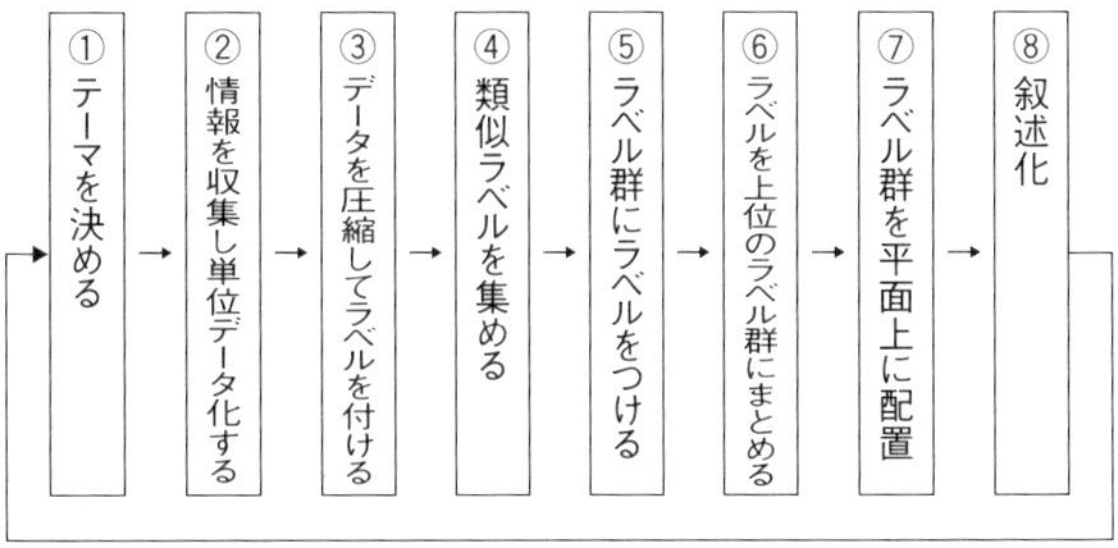

図13-1　KJ法の流れ

●参考書
三宮真智子（2001）「創造的思考」『おもしろ思考のラボラトリー』森敏昭編著、認知心理学を語る第3巻、北大路書房

14　野生の思考

思考と文化の関係

文脈が思考に及ぼす効果は先に紹介した4枚カード問題[1]などで有名です。文脈にはさまざまなものがありますが、そのなかでも**文化**は人間に対してとくに大きな影響力をもつと考えられます。ここでは、文化が認知や思考に与える影響について言語の側面から見ていきましょう。言語と文化は密接に関係しているからです。

サピア＝ウォーフの仮説

カナダのイヌイット語には「雪（snow）」に対応する語がありません。雪は「雪」として認知されるのではなくて、〈イグルー[2]を作るために切り出した雪ブロック〉とか〈暖かくするためにイグルーの上や周囲におく雪〉などというように、まったく別のさまざまな語として表現することができるのです。北欧のサーミ（ラップ）語でも、トナカイが引くソリの滑り具合に応じて、雪は別のいろいろな語で表されます。雪に関する語彙が豊富なのです。また、北アメリカ先住民ホピ族の場合、英語の時制にあたる「現在、過去、未来」の区別はもたず、「出来事の報告、出来事の法則化、出来事の期待」という区別を行ないます。

このように、言語によってモノやコトの切り取り方は違ってきます。人類言語学者のサピアとウォーフは「人間が外界を認識する方法は言語によって異なる」という仮説を提唱し[3]、言語学や文化人類学に大きな影響を与えてきました。この**サピア＝ウォーフの仮説**は、言語

1　「9　4枚カード問題と三段論法」参照

2　秋田県地方において冬に雪で作る「かまくら」のようなもの。

3　サピア他、1970

が私たちの経験の仕方を規定しているという**言語的決定論**（強い仮説）と、同一の対象を与えられても言語的背景が異なれば認知の仕方も違うという**言語的相対論**（弱い仮説）の2つに分けて考えることもできます。

色彩認識の言語独立性

バーリンとケイ[4]は、基本色彩語（たとえば「赤」）について、色見本から典型的な事例（もっとも「赤」らしい赤）を選んでもらうと、被験者の使用言語にかかわらず、選ばれるのは常に似た色であることを明らかにしました。これを**焦点色**（focal color）と呼びます。98言語にわたる検討の結果、「赤」らしい赤、「青」らしい青など、11種類の焦点色（日本語だと→白、黒、赤、緑、黄、青、茶、灰、紫、橙、桃）が見つかりました。

プロトタイプ理論で有名なロッシュは、バーリンとケイの研究を参考にして、ニューギニア原住民ダニ族の調査を行ないました[5]。英語には11種類の焦点色に対応した色彩語があるのに対して、ダニ族の言語は焦点色に対応する語を2種類（白、黒）しかもっていません。つまり「赤」や「青」にあたる語などがないのです。ダニ族に新しい色彩語を教えて実験をしてみると、アメリカ人と同じように、焦点色のほうが非焦点色よりも再認や対連合学習[6]の成績が優れていました。赤らしい赤は、そうでない赤よりも憶えるのが簡単だったのです。これらの結果は、各言語の色彩語の体系の違いに関係なく、色彩カテゴリーは焦点色を**プロトタイプ**として周辺部に広がっている可能性を示唆しています。

サピア＝ウォーフの仮説からは、アメリカ人とダニ族で色の見え方や認知に共通性は見出せないはずなのですが、その予測は支持されませんでした。焦点色の発見は、色彩のカテゴ

---

4 Berlin & Kay, 1969.

5 Rosch, 1983.

6 たとえば「ジュン―ねね」というような2つの項目をペアとして学習し、あとでそのペアの一方（ジュン）を呈示して他方（ねね）を再生させる方法を「対連合学習」といいます。

リー化と命名の背後に言語の差を超越した普遍的なメカニズムが働いている証拠だと考えられ、注目を集めました。

焦点色研究の現状

ところが、ロッシュの研究には疑問な点もあることがわかってきました。ダビドフ[7]は、ロッシュの比較文化的研究や、他の実験心理学的研究、失語症患者を用いた認知神経心理学的研究などを検討しました。そして、彼はニューギニア原住民ベリンモ族を対象にしてロッシュらの研究を追試し、ロッシュの結論とは違った結果になることを示しました[8]。ベリンモ族は基本色彩語を5つもっています。ロッシュらと同じように記憶実験を行なったところ、焦点色と非焦点色の間で成績の差は見られませんでした。

このように、この問題に関する議論は続いており、今なお決着はついていません。また、たとえ色彩認識での言語独立性が実証できたとしても、それは日常生活のごく限られた範囲の話であり、サピア＝ウォーフの仮説のうち言語的相対論（弱い仮説）をひっくり返すほどの証拠とはなりえないと社会科学では見なされているようです。

推論様式の文化差

コールら[9]は、リベリア原住民クペル族の論理的推論を調査するために、次のような課題を出しました。「クモとシカはいつも一緒にエサを食べます。今、クモがエサを食べています。では、シカはエサを食べているでしょうか？」この問題を与えられたクペル族の被験者は、一貫して事実的根拠にもとづいて問題を解決しようとしました。クペル人被験者が発し

7　Davidoff, 2001

8　箱田、2003

9　Cole & Scribner, 1974.

た質問は「2匹は一緒にエサを食べているか?」とか「私はその場にいたわけではないので、どうしてそんな質問に答えられるのか?」というものでした。クペル族にとって推論が苦手であるかのように見える理由は、彼らは推論するということを「仮定から抽象的に導くこと」とは考えず、ことがら自体の事実が何であるかについて自分が手元にもっている「ありあわせの知識から具体的に推理すること」だと考えるためだとコールらは指摘しています。

具体の科学

オーストラリアやアフリカの原住民[10]の人々は、考えるのに便利な自然の事物（トカゲやサルや…）をうまく使って、彼らを取り巻く世界や宇宙について思考をめぐらせているようです。こういう思考様式を文化人類学者レヴィ＝ストロース[11]は**野生の思考**と呼びました。ありあわせの材料（動植物など）をうまく組み合わせながら考えていくので、日曜大工のような「器用仕事（ブリコーラージュ）」になりますが、その背後には現代数学と同じような論理が働いていることを彼は実証してみせたのです。原住民の**神話的思考**が、決して近代西欧の**科学的思考**に劣るものではなく、象徴性の強い感性的表現によって組織化された世界の具体的な知識にもとづく**具体の科学**であるという考え方が文化人類学や社会学の構造主義では主流です[12]。

先に紹介したコールによるクペル族の調査も、構造主義の観点から解釈することができます。クペル族の推論はまさに具体の科学によるもので、事実的根拠に立脚して思考が展開していく典型的なケースなのです。

10　クペル族やダニ族を「未開人」と呼ぶのは、西欧近代の視点に偏向した「未開＝原始的＝未熟＝幼稚」という考え方に立つものだと誤解される危険があるため、ここでは「原住民」としました。

11　文化人類学者。構造主義の提唱者として有名。

12　橋爪、1988

●参考書
橋爪大三郎（1988）『はじめての構造主義』講談社現代新書、講談社

15　人工知能（ＡＩ）

知識を掘り当てるシステム

初期の**ＡＩ**研究では、チェスなどのゲームやパズルなどで人間と対等に戦えるシステムが盛んに開発されていました。その後、１９７０年代にはビジネス分野の実用に耐えうる**エキスパートシステム**が登場して脚光を浴びました。エキスパートシステムとは人間の専門家と同じような判断能力をもつシステムのことです。そして、最近のＡＩはマーケティングやＷｅｂ検索ツールなどにも応用されています。ＡＩ研究の最前線をのぞいて見ましょう。

エキスパートシステムの限界

米国で開発されたマイシン（MYCIN）というエキスパートシステムは、医療現場において感染症診断と投薬決定の支援に用いられました[1]。

しかし、やがて、エキスパートシステムの開発はすっかり下火になり、最近は大規模で本格的なシステムが新たに構築されることは少なくなっています。これは、次のような壁にぶつかってしまったからです。①知識獲得の問題：人間の専門家から知識を抽出する手間やコストが大きすぎて、実用に向かない。②応用能力の問題：人間の専門家のような柔軟な対応能力に欠ける。③自己成長能力の問題：自ら有益な知識を掘り当てる能力に乏しい。

これらの問題点を乗り越えるために、最近行なわれるようになってきた、データマイニングの手法やセマンティックＷｅｂの開発を紹介しましょう。

1　マイシンに格納されている知識はIF-THEN形式のプロダクションルールで記述されています。たとえば、「IF X THEN Y」という場合は条件Xが成立した場合にYが実行されるということを示しています。これは手続き的な知識を記述するのに適しています。それに対して、宣言的な知識については、意味ネットワークやフレーム表現がよく使われてきました。「3　状態依存効果」の宣言的知識と手続き的知識を参照。

データマイニング

データマイニングとは、大規模なデータの中に埋もれている有益な知識をＡＩによって自動的に発見する手法を指します[2]。たとえば、マーケティング（市場調査）などの分野では「バスケット解析」という方法が実用化されています。バスケットとは買い物カゴのことです。コンビニなどのレジ・システムは、代金を計算してレシートを発行する際に、どの商品が一緒にバスケットに入っていたかの販売履歴データも保存しています。そのようなデータを各地の店舗から大量に集めてデータマイニングを行なうと、たとえば〔雑誌、日本茶 → ビール〕〔ガム、弁当 → ドリンク剤〕のような「IF-THEN」ルールを発見できる場合があるのです。〔雑誌、日本茶 → ビール〕ルールは、雑誌と日本茶を買う客は同時にビールも買うことが多いことを示し、〔ガム、弁当 → ドリンク剤〕ルールは、ガムと弁当を買う客は同時にドリンク剤も買うことが多いことを示しています[3]。このようなルールを見出すことを**相関ルールマイニング**といい、同時に購入される傾向が高い商品どうしの陳列場所を近づけるなど、売り上げ対策に利用されています。

相関ルールは「信頼度」と「支持度」を計算することができます。X→Yという相関ルールにおいて、信頼度とは、条件Xが成立したときにYが成立する確率です。支持度とは、データベース中のどの範囲の事例（トランザクション）に対してこのルールが適用できるかの割合で、相関ルールの汎用性を示す指標になっています[4]。

テキストデータに対してデータマイニングの手法を応用したのが**テキストマイニング**です。企業のお客様相談窓口（コールセンター）に電話等で寄せられた膨大な量の質問や苦情など

2　数値情報を扱うデータマイニングのほかに、テキストマイニングという手法もあります。テキストマイニングは後述のように自然言語データを扱います。

3　これは仮想例です。

4　たとえば販売履歴1件ごとのデータを「トランザクション」といいます。それぞれのトランザクションは〔ガム、日本茶、雑誌〕などの要素を含んでおり、各要素を「アイテ

をテキスト化したデータをＡＩで解析し、顧客のニーズを探るのに利用されたりしています。社会心理学の分野でも、アンケート調査で得られた大量の自由記述の回答データを分析する際にこの手法が使われることがあります。

セマンティックＷｅｂ

「セマンティック」（Semantic）とは、「意味の」を意味します。ＷｅｂにＡＩの技術を組み込んで、Ｗｅｂそのものを知的な情報システムに変貌させる研究が世界各地で進められています。Ｗｅｂ上にはテキストデータ（文書情報）、イメージデータ（画像情報）、音声データなど膨大な情報が溢れていますが、そのなかから欲しい情報や役に立つ情報を効率的に取り出すにはグーグルのような検索ツールがどうしても必要です。**セマンティックＷｅｂ**は、グーグルに代表される単なるキーワード検索を越えたサービス機能を実現するために、コンピュータにＷｅｂの意味がわかるしくみを実装し、その基盤の上で高度な知的処理ができることを狙っています。

Ｗｅｂ上で寿司店での食事を予約したい場合、検索ツールに「おいしい寿司」とキーワードを入力すれば、そのキーワードを含むＷｅｂページの一覧が表示されます。しかし、現状のＷｅｂでは意味を処理できないため、次のような不便さがあります。①情報を漏れなく検索できない：「おいしい」は「うまい」と同義語なのに、「うまい寿司」と表現されたＷｅｂページは検索から漏れてしまう。このような検索漏れを防ぐためにシソーラス（類義語辞書）が必要となる。また、「寿司」は「寿し、鮨、すし、スシ」などと表記される可能性があるが、現在の検索ツールは日本語の表記のユレを吸収した曖昧検索ができないので、表記

ム」といいます。アイテム集合ＸとＹ（両者は共通要素をもたない）に対してＸ→Ｙを相関ルール、ＸのもとでＹが生じる条件付き確率を確信度、データベース中でＸとＹが共起する確率を支持度といいます。

5　ＲＤＦは Resource Description Framework の略。リソースを「主語」、プロパティを「述語」、プロパティの値を「目的語」という場合もあります（図15-1）。

に関する辞書も欲しい。②利用履歴を活用した推論ができない‥あなたがこれまでに予約した飲食店の履歴情報などから、好みや意思決定パターンなどを抽出し、あなたの意向に沿ったアドバイスというかたちで検索結果を表示できるようにしたい。価格、雰囲気、禁煙席の有無、店までの移動手段などに加えて、あなたが「おいしい」という言葉の意味をどう捉えているのかなども考慮しながら情報を検索できるようにして欲しい。

セマンティックＷｅｂが実現すれば、このような不満はかなり解消されます。気が利く有能な秘書が24時間態勢でＷｅｂ上にいるようなものだと言えるでしょう。

知識記述のモデル化——ＲＤＦとオントロジー

セマンティックＷｅｂでは、意味や知識を記述する方法の標準規格を定めており、その規約を**ＲＤＦ**といいます。ＲＤＦで記述された知識は機械的にＸＭＬに変換できるので、知識を流通させるのが比較的容易です。ＲＤＦの基本形式は単純で、情報を「リソース」「プロパティ」「プロパティの値」の3つで記述します。図15－1にＲＤＦによる表現例を示します。第3項で紹介した意味ネットワークとほぼ同じ表現方法です[5]。リソース、プロパティ、プロパティ値の3つ組を知識記述のための「語彙（vocabulary）」といいます。実際の知識や概念は、ＲＤＦの語彙を結合して記述します。

知識記述の量が多くなると、語彙や概念の相互関係を整理した汎用性をもつ知識の体系が必要になります。このような整理・体系化された知識をＡＩでは**オントロジー**と呼びます[6]。オントロジーが与えられると、ＡＩは類義語や上位概念を含めた検索や、複数オントロジーを利用した類推などの高度な推論を実行できるようになります。

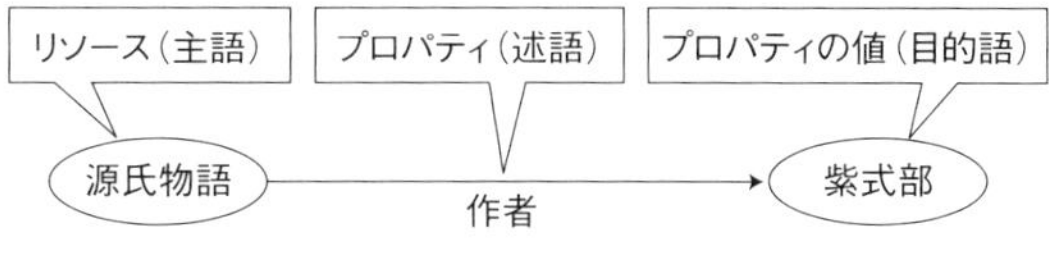

図15-1　源氏物語のRDFによる表現例

6　オントロジー（ontology）は、もともと、存在するものの共通の性質や根拠を考察する哲学の一分野を指し、存在論という訳語があります。

●参考書
本位田真一監修、松本一教・宮原哲浩・永井保夫著（2005）『人工知能』情報処理学会編、ＩＴ Ｔｅｘｔシリーズ、オーム社

16 談話の方略

誤解のない会話の条件

東京都内の女子高生の間で、方言がちょっとしたブームになっています[1]。新しい友達に親近感をもってもらうため、へりくだった感じを出すのに方言を交えることがあるのです。これは、相手との心理的距離を近くするために使う方略の一例です。ここでは、談話や会話において話し手が使用している方略について、語用論の観点から見ていきましょう。

語用論とは

コミュニケーションが行なわれている場を観察してみると、3つの重要な要因が見えてきます。「記号」とその記号によって指される「指示物」、および、その記号の「使用者」という要因です。この3つに関して、次のようにその研究分野が設定されています。第1は記号と記号の結合について研究する**統語論**、第2は記号とその指示物の関係について研究する**意味論**、そして第3は記号とその使用者の関係を研究する**語用論**という分野です。

先生が教室に入ってきて、「この部屋は暑いね」と発話したと考えてみましょう。この発話をどのような切り口で分析するかによって統語論、意味論、語用論の違いが生じます。

統語論では、発話を語単位に分割し、〈この（指示代名詞）／部屋（一般名詞）／は（格助詞）／暑い（形容詞）／ね（終助詞）〉といった分析を行ない、さらにそれぞれの語の順序について文法的な考察を加えます。

1　日本経済新聞2005年6月25日夕刊の記事。

図16-1　コミュニケーション

意味論は、「暑い」という語が何を指し示しているのか、額の汗や温度計の値なのか、「部屋」という語は何を指し示しているのかなどを検討します。意味論と認知心理学はかなり似たところがあります。意味記憶やカテゴリー化の研究は、少し見方を変えると意味論の研究にもなるからです。

語用論は、発話者の意図を分析します。「窓を開けて欲しい」と言っているのか、先生の目の前で仲良くしている男女に「公共の場で目のやり場に困る振る舞いは控えて欲しい」とイヤミを言っているのか、状況や文脈に応じて発話者の意図を人間はすばやく解読しているからです。また、「いま何時かわかりますか？」という発話は、形式のうえではｙｅｓ／ｎｏ疑問文ですが、意図されている内容は時刻を教えてほしいという依頼になっています。これらの現象が語用論の研究対象です。語用論は社会心理学の研究などとも一脈通じています。

グライスの公理

会話が理解され、話が通じるためには、話し手と聞き手がお互いに円滑なコミュニケーションを心がけ、うまく協調していく必要があります。話し手はわざと聞き手を誤解させようとしたり、意図的に間違ったことを言ったりはしないという前提のもとで、会話が進行していくのです。これをグライス[2]は**会話の協調原理**と呼びました。そこには次の４つの公理があります。

量の公理　：必要な情報は過不足なく提供せよ。情報は多すぎても少なすぎてもいけない。
質の公理　：自分が真実だと信じていることを話せ。十分な根拠のないことは言うな。

2 Grice, 1975.

関係の公理：話題に関係があることを述べよ。関係がないことは言うな。
様態の公理：明確に述べよ。不明瞭で曖昧な表現は避け、順序よく簡潔に述べよ。

この公理のどれか一つでも破られた場合は、誤解や混乱が生じてコミュニケーションがうまく成立しない危険性が大きくなります[3]。

パラ言語

話し手の声の特徴や話し方を**パラ言語（周辺言語）**と呼びます。発話した時の声の高低、抑揚（語調）、声量（大きさ）、速さ、間などです。舌打ち、せき払いなども、話の内容には直接関係のない副次的な発音です。これらは、言語に伴っている「非言語現象」ですが、話し手の意図や心理状態を推測するのに有効な手がかりが込められていることもめずらしくないと言えるでしょう[4]。

ポライトネスと親疎関係

面倒な敬語を使ったり、他人の呼称（～さま、～さん、～ちゃん……）に気を遣ったりするのはなぜでしょうか？　会話のやり方によっては、他人との心理的距離が近くなることもあれば、遠くなることもあります。これを**親疎《しんそ》関係**と呼びます。言語のそうした対人的機能を捉える道具立てとして、最近注目を集めているのが**ポライトネス**（待遇表現、相手に配慮した言語行動）という考え方です。たとえば、敬語と非敬語（タメ口）は、相手との間に〈距離をおく／距離を縮める〉という対照的な機能をもっています。

3　たとえば、携帯メールは書き言葉のコミュニケーションですが、会話のスタイルが色濃く反映されていますので、携帯メールのやり取りにおいても、この公理を守ることで無用なトラブルを回避できると考えられます。

4　たとえば、俳優は「なにやってんの」というセリフを、純粋な疑問、バカにした発話、ミスを責める発話など何通りもの意図に表現し分けることができますが、その際にパラ言語が大きな役割を果たします。

ブラウンとレビンソン[5]は、ポライトネスを**ポジティブ・ポライトネス**と**ネガティブ・ポライトネス**に区分しました。ポジティブ・ポライトネスは、相手と自分の共通性に焦点をあわせて、「仲間意識」をもちたいという人間の根源的欲求を満たす方略です。たとえば、相手と同じ方言で話したり、相手が間違っていてもとりあえずは相手と同じ見方に立って「そうなんです」と答えて相手を安心させ、「でも、それは……」と後で訂正したりするようなやり方がそうです。一方、ネガティブ・ポライトネスは、礼儀正しい言語形式が作り出す間接表現の効果により、相手との間に心理的距離をとる方略です。

ポライトネスの地域差

役所の窓口職員は、住民を「〜さま」「〜さん」のどちらで呼ぶのでしょうか？　国立国語研究所は、行政機関の言葉遣いの工夫について、全国680自治体の首長、職員らに大規模な調査を行ないました[6]。「さん」か「さま」かの調査では、「さま」を使っているのは全国の約2割の自治体ですが、東京都区部や指定市では約4割と高く、郡部では約1割と低くなることが示されました。都会ほど「さま」の比率が高いという傾向が出たのです。「さま」は丁寧だと感じる人もいれば、慇懃《いんぎん》無礼だと受け取る人もいます。人口約17万人の東京都日野市役所では職員は住民を「さま」で呼ぶようにしています。これは礼儀正しい態度を重視したネガティブ・ポライトネスの方略です。一方、人口約3千人の東京都檜原村役場の職員からは、顔見知りが多いので「さま」は少しよそよそしいという意見が聞かれました[7]。これは親しみやすい態度を重視したポジティブ・ポライトネスの方略です。談話の方略のうち、どれを選択するのがふさわしいかは、地域によって異なるようです。

5　Brown & Levinson, 1987.

6　朝日・吉岡・相澤、2005

7　「朝日新聞」2005年4月22日朝刊の記事。

●参考書
川崎惠里子編著（2005）『ことばの実験室——心理言語学へのアプローチ』ブレーン出版

パート・3

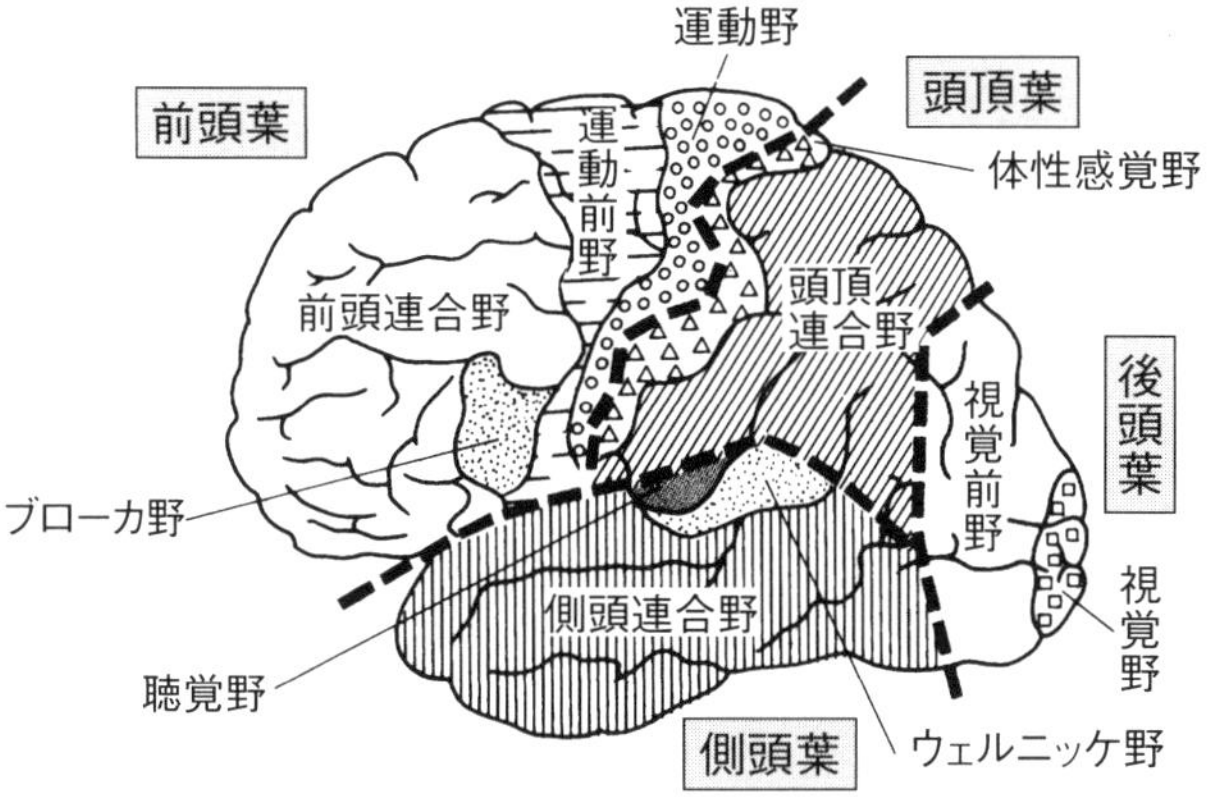

運動野
前頭葉
頭頂葉
運動前野
体性感覚野
前頭連合野
頭頂連合野
後頭葉
視覚前野
ブローカ野
視覚野
側頭連合野
聴覚野
側頭葉
ウェルニッケ野

脳

17　前頭連合野

高次精神活動の中枢

図17－1に示すように、人の大脳は、前方に位置する**前頭葉**、後ろに位置する**後頭葉**、側面に位置する**側頭葉**、それに上部に位置する**頭頂葉**の4つの部分に分けられます。前頭葉にある**運動野**は運動を司り、後頭葉の視覚野、側頭葉の聴覚野、頭頂葉の**体性感覚野**（この3つをあわせて**感覚野**とも呼びます）はそれぞれ視覚、聴覚、触覚を担っています。運動野に損傷を受けると運動障害が、感覚野に損傷を受けると感覚障害が生じます。

人の脳ではこの運動野、感覚野には属さない連合野が大きな部分を占めています。この連合野には、前方にある**前頭連合野**（前頭葉の一部ではありますが、この連合野そのものを前頭葉と呼ぶこともあります。またこの脳部位は前頭前野、あるいは前頭前皮質とも呼ばれます）と後方にある**頭頂連合野**、**側頭連合野**があります。前頭連合野はその第Ⅳ層に顆粒状の細胞が密に存在する[1]という特徴から前頭顆粒皮質とも呼ばれます。ここではこの前頭連合野のなりたち、機能について述べることにしましょう。

前頭連合野のなりたち

前頭連合野には視覚、聴覚、触覚だけでなく、味覚、嗅覚情報、さらには感情・情動情報や記憶情報というように、ほとんどあらゆる外的・内的情報が集まっています。しかも、その多くは後連合野で加工され、高次の情報処理を受けたものです。前頭連合野からは運動制

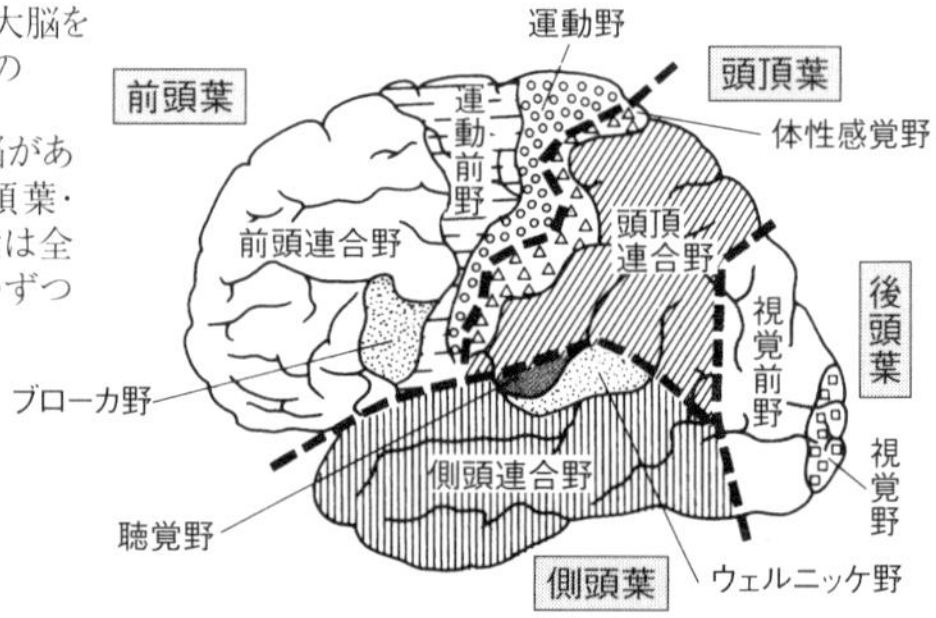

図17-1　人の大脳を左側からみたもの

脳は右脳と左脳があり、前頭葉・後頭葉・側頭葉・頭頂葉は全て、右と左に1つずつあります。

1　大脳皮質はいくつかの層からなっており、前頭連合野は6つの層から成り立っています。表面から第4番目にある層が第Ⅳ層と呼ばれます。

御に関係する脳部位に連絡があります。前頭連合野はいろいろな情報を統合して、適切な出力を出す上で重要な役割を果たしていますが、前頭連合野と他の脳部位との結びつきは、そうした前頭連合野の機能を支えるものとなっています。

前頭連合野の系統発生と個体発生

前頭連合野の大脳に占める割合は、系統発生的に進化した哺乳動物ほど大きくなっています。ネコで3・5%、イヌで7%、サルで11・5%、チンパンジーで17%の割合であるのに対し、ヒトでは29%を占めるに至っています[2]。人は他の動物に比べて脳そのものも大きくなっているわけですから、前頭連合野の大きさが人ではいかに大きくなっているのかがわかります。

個体発生（ヒトの発達）的にも、前頭連合野は成熟が最も遅い脳部位の1つにあげられています。神経線維の**髄鞘化**《ずいしょうか》[3]は神経情報の伝達効率を増すうえで重要な意味をもっていますが、この髄鞘化が完成するのは大脳の中で前頭連合野が最も遅く（10歳を過ぎてから）、前頭連合野そのものの成熟が完成するには20年以上も必要とします。逆に前頭連合野は老化に伴って最も早く機能低下の起こる部位としても知られています。つまり前頭連合野がその機能を十全に発揮できる期間は人生のなかでかなり限られているのです。

フィアネス・ゲイジの例

この前頭連合野に損傷を受けるとどのような障害が現れるのかを示すものとしてアメリカ人、フィネアス・ゲイジの有名な例をあげてみましょう。彼は線路工事の現場監督として親

2　渡邊、２００５

3　神経線維は、生まれてすぐは何にも被われない裸の状態ですが、成熟とともに周りが絶縁性のある管状の組織で被われるようになります。この絶縁性組織は神経線維を完全に被うのではなく、ところどころに隙間のある形で被います。神経情報はこの非絶縁部分を飛び飛びに伝わることにより、より早い伝達が可能になります。このように神経線維が髄鞘に被われるようになることを髄鞘化と呼びますが、これの生じることが神経情報伝達の効率化のうえで必須であるとされています。

切で有能で責任ある存在でした。しかし1848年のこと、工事用のダイナマイトが誤って爆発し、火薬充填に用いる太さ約3センチ、長さ約1・1メートルの鉄の棒が頭蓋骨を突き破るという事故に見舞われてしまったのです（図17－2）。

この鉄の棒はゲイジの前頭連合野部分を貫通してしまい、その結果、そこに大きな損傷を受けたわけです。このケガから回復した後、彼はまったく人が変わってしまい、短気でおこりっぽく、頑固で移り気な人間になってしまいました。また計画を立ててもすぐに気が変わり、最後までやり遂げることができなくなってしまいました。そのため「彼はもはやゲイジではない」というように言われるようになったのです。彼はもはや昔の仕事をする能力がなくなってしまい、自分をそのように変えてしまった鉄の棒と自分の頭蓋骨を見せ物にして、アメリカ中を渡り歩いたと伝えられています。彼の死後、その鉄棒と彼の頭蓋骨はハーバード大学医学部の博物館に納められています。

前頭連合野の機能

前頭連合野は情動・動機づけ機能と認知・実行機能の両方に関わっています。前頭連合野に損傷を受けた患者は、情動・動機づけに関しては、ゲイジに典型的に見られたような症状を示すとともに、パーソナリティーが浅薄でルーズになる傾向を示します。また、外界に対して無関心、無頓着になるとともに、反応性に乏しく、積極的に行動しようとする意欲を示さなくなります。

認知・実行機能に関しては、あるものに注意を集中したり、状況を深く理解したり、推理したりすることが困難になります。ところが、知能テストで調べるかぎり、この脳部位に損

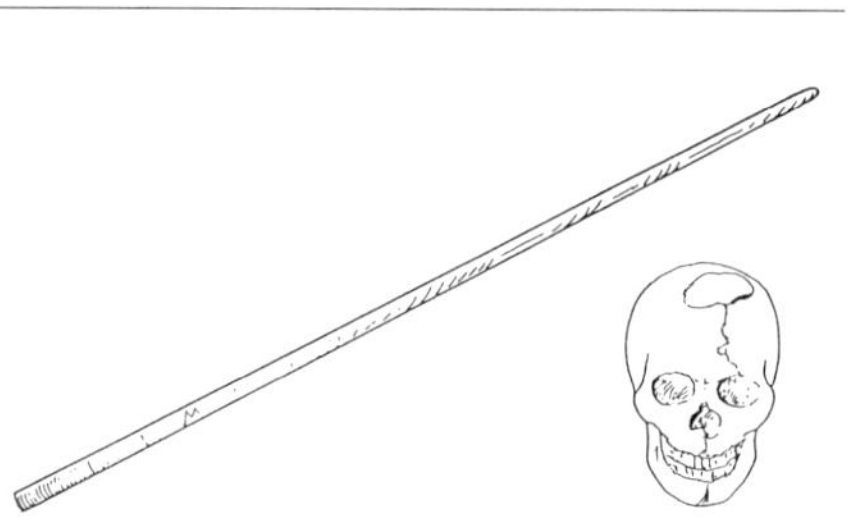

図17-2　フィネアス・ゲイジの頭蓋骨と、頭を貫通した鉄の棒との大きさの関係を示したもの

傷を受けても、損傷前と比較して知能指数（ＩＱ）が低くなるという現象は一般には見られません。ただ、一般の知能テストで調べられないような能力である、**発散的思考**（解答がいくつもありうる[4]）が要求される課題においては障害が見られます。たとえば「新聞紙の使い道として考えられるものをできるだけたくさん挙げて下さい」というような質問に対して、損傷患者は一般の人より少ない数しか挙げられません。

　前頭連合野に損傷を受けても、海馬[5]を中心とした側頭葉内側部の損傷でみられるような記憶障害は生じません。しかし、ワーキングメモリー[6]の障害や、情報をいつ、どこで、どのような順序で得たのかという記憶（**出典記憶**ともいう）の障害（出典健忘）は見られます。こうしたことから、前頭連合野は「記憶の組織化」を担っていると考えられています。損傷患者はまた、ルールにもとづいてものごとを行なう、あるいはすべきでない反応を適切に抑制する、という行動にも障害を示します。その他に、計画をたてたり、計画にもとづいて順序よく行動したり、状況を（裏の意味まで含めて）理解して、評価をしたり、適切な判断をすることにも障害を示します。

　こうしたことから、前頭連合野は、「定型的反応様式では対応できないような状況において、状況を把握し、それに対して適切な判断を行ない、行動を組織化するというような役割を果たしている」と考えることができます。ここでは例として、「計画、評価」という働きと、「反応を抑制する」という働きについてもう少し詳しく見てみましょう。

計画、評価、反応抑制と前頭連合野

前頭連合野に損傷をもつ患者は、食事の献立を考えて買い物や炊事の段取りをつける、と

---

4 「13 ひらめきと創造性」参照

5 「18 海馬」参照

6 「22 ワーキングメモリー」参照

7 Lhermitte, 1983.

8 脳の外側から、危害を与えることなく脳活動を調べる方法「30 fMRI」参照

9 ロボトミー手術の開発者であるポルトガルの医師エガス・モニスはその功績により1949年にノーベル賞を受賞しています。

いう短期的な計画行動から、就職して結婚して家を建てるという長期的な計画設計まで、いろいろなレベルでプラニングに障害を示します。

損傷患者はまた、対象を正しく評価することにも障害を示します。「この物品はどのくらいの値段だと思いますか」、あるいは「世界で最も大きな船の長さはどのくらいだと思いますか」というような問いに対して、損傷患者は正常と大きくかけ離れた値を出す傾向にあります。

反応抑制に関係して、前頭連合野の損傷患者は、何かが目に入ると、それで何かしなさいとも、手を触れていいとも言われていないのに、躊躇なくそれを取り上げ、いじる、というような行動をよく示します。レーミットはこうした行動を**利用行動**と名づけています[7]。また損傷患者は**ゴー・ノーゴー課題**と呼ばれる課題で障害を示します。これはある刺激には一定の運動反応（ゴー反応）をし、別の刺激には運動反応を一切しないようにする（ノーゴー反応）ことを要求されるものです。前頭連合野に損傷のある患者には、ノーゴー反応が求められても、運動反応をしないように自分の行動を抑制することが困難なのです。

この課題はサルも憶えることができます。サルで実験的に前頭連合野を取り去ると、ノーゴー反応が正しくできなくなることが知られています。また健常なサルの前頭連合野に細い電極を挿して、そこからニューロン（神経細胞）の活動を記録すると、ノーゴー反応の時だけに発射活動を示すものが多数見られます（図17－3）。こうしたニューロンは、運動反応を抑制するように働いているものと考えられます。最近のＰＥＴ、ｆＭＲＩ[8]などを用いた人の非侵襲的研究でも、ノーゴー反応に関係して前頭連合野のとくに外側後方の下部で活動性があがることが示されています。

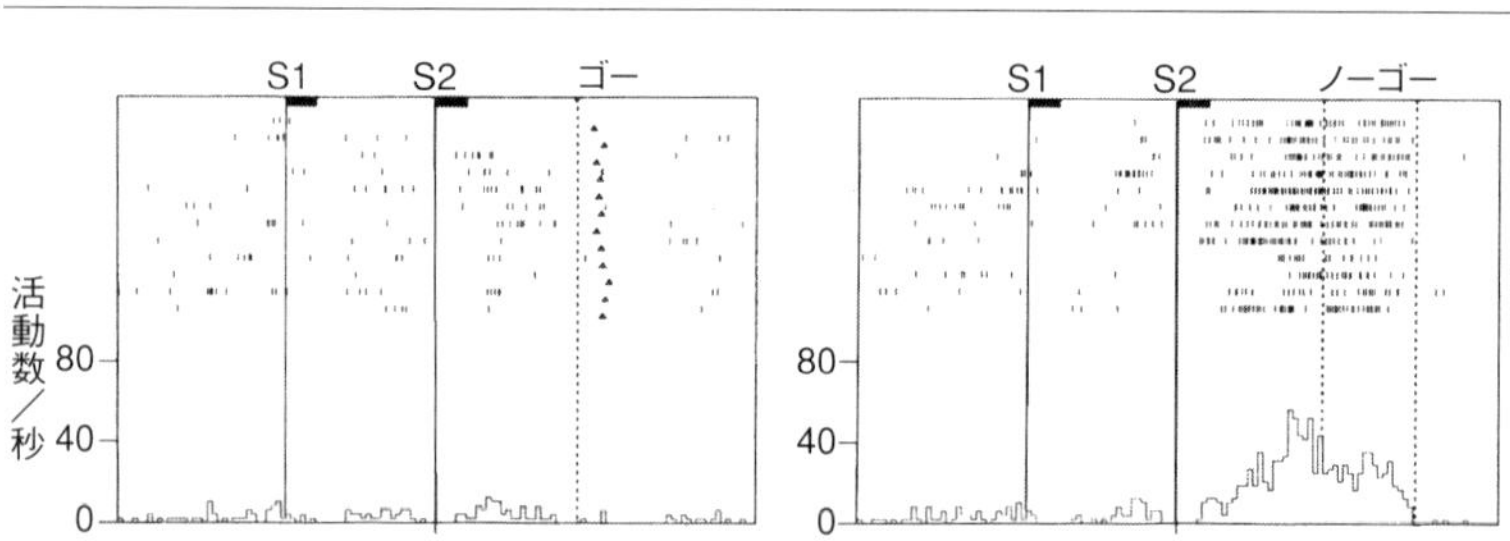

図17-3　行動抑制に関係するサル前頭連合野ニューロン（Watanabe, 1986より改変）
サルは呈示された視覚刺激（図のＳ1，Ｓ2）の違いにより，ゴーあるいはノーゴー反応をすることを求められた。図の左がゴー試行での，右がノーゴー試行での活動を示す。各列が1試行を示し，各パルスがニューロンの活動を示す。下のヒストグラムは，上のパルスを12試行分加算したもの。

前頭連合野ロボトミー

ところが、このように重要な働きをする前頭連合野を切り取ってしまうという手術（前頭葉ロボトミー手術）が一時期世界中で行なわれたのです（図17-4）。現在のような向精神薬がなかった時代には、精神病の治療法として有効なものはほとんどないに等しい状態でした。ところが前頭連合野を取り去ったチンパンジーがたいへんおとなしくなったという動物実験の報告があり、それにもとづいて強度の興奮あるいは不安症状をもつ精神病患者に対してこの手術が試みられたのです[9]。

手術の結果、一部の患者では確かに症状の改善が見られたことから、1950年代から十数年の間に世界で約5万人の人に対しこの手術が行なわれました。しかし、その後この手術が意欲の欠如、パーソナリティーの崩壊などをもたらすことも明らかになり、現在ではこの手術はまったく行なわれません。

図17-4　前頭葉ロボトミー手術の方法
頭蓋骨に小さな穴を開け、そこから金属棒を挿入し、穴を基点に棒を左右に動かすことにより、前頭連合野と他の脳部位を結ぶ線維の束を切断します。

●参考書
渡邊正孝（2005）『思考と脳』サイエンス社
舟橋新太郎（2005）『前頭葉の謎を解く』京都大学学術出版会

18 海馬

記憶を司どるところ

記憶はいくつかの種類に分けられます[1]。自動車の運転や、スポーツ技能のように「体で憶える」記憶には**大脳基底核**と呼ばれる部位が重要な役割を果たします。またパブロフの条件反射に代表される古典的条件づけには**小脳**が重要であることも知られています。一方、日常経験に関するエピソード記憶、われわれの知識に関わる意味記憶などの「宣言的記憶」[2]に最も重要な役割を果たすのが**海馬**と呼ばれる脳部位です（図18－1）。

症例H・M

H・Mというイニシャルで知られるカナダの患者は1953年、27歳の時に、ひどいてんかんの治療の目的で右脳と左脳の両方で海馬を中心とした側頭葉内側部の切除手術を受けました。その結果、てんかんには悩まされなくなりましたが、副作用としてひどい記憶障害に陥ってしまったのです。

彼は毎日通う病院への道順を憶えられず、また毎日会う医師や看護婦の顔を憶えることもできなくなりました。また、本を読んでも、その内容をすぐに忘れてしまい、同じ本を何度でも初めてのように読むのです。さらに基本的な言葉の障害はないのですが、手術後に新しく接した単語や表現は、それが英語であるにもかかわらず、あたかも外国語であるのかのごとく理解ができません。こうした障害は手術後50年以上経過した現在でも続いています（2

1　「1　エピソード記憶と意味記憶」参照

2　「1　エピソード記憶と意味記憶」参照

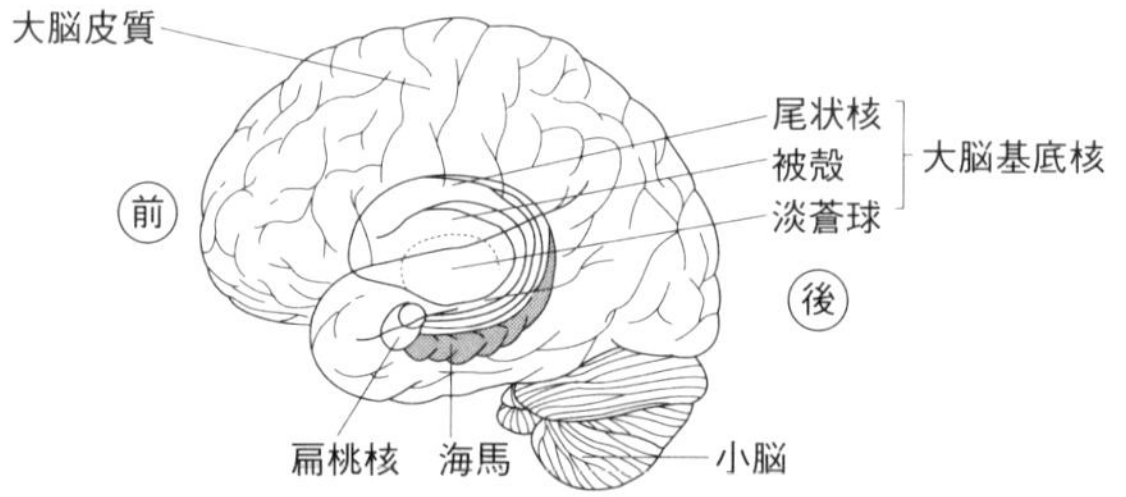

図18-1　記憶に重要な役割を果たす脳部位（Carey, J. (ed.) 1990より改変）
小脳以外の部位は大脳皮質の中に埋もれているため、外側からみることはできません。

006年で満80歳)。このようなひどい**順向性健忘**[3]があるものの、その後何十年にもわたる研究のなかで、IQは平均以上であること、数字は7桁まで復唱できる、というように一定の範囲で短期記憶は正常であることも示されています。また、手術前数年の出来事については**逆向性健忘**[4]が見られるものの、1940年代の出来事については彼はよく憶えています。

症例R・B

R・Bというイニシャルで呼ばれる患者は、1978年の52歳のとき心臓手術を受けたさい、心臓が一次的に停止したことによる全身性虚血が原因で健忘症になりました。彼は1983年の死去まで多くの記憶テストに協力しました。彼の記憶障害はH・Mのものとよく似ていましたが、H・Mのものほど重篤ではなく、また逆向性健忘は手術前わずかの期間のものに限られていました。死後詳しく調べたところ、彼の脳の中では海馬のCA1と呼ばれるごく限られた部位にのみ損傷のあることが明らかになりました。

記憶の固定期間

スポーツ事故や交通事故で脳震盪《のうしんとう》を起こしたり、精神病の治療に用いられるECT(電気けいれん療法[5])を受けたりすると、その直前およびECT治療に伴う脳機能の一次的停止中の出来事に関する記憶がなくなることが知られています。しかしそうした経験をもつ人も一般に短期記憶に異常はなく、また脳機能の一時的停止直前より前の出来事は正常に思い出すことができ、それ以後も一般には記憶障害を示しません。それゆえここで見られる障害は、

---

3 脳損傷を受けた時点以後に新しい出来事が憶えられないという症状。

4 脳損傷を受けた時点以前の記憶が失われる症状。

5 脳に通電して脳発作を起こさせるもの。一部のうつ病や統合失調症に効果があるとされます。

記憶されたものを想起する、あるいは検索する過程に関係するのではなく、短期記憶が長期記憶に移行する過程（固定過程）に関係していると考えられます。

ヘッブ[6]はこの過程について、何かを経験すると、その内容が始めはニューロンの間で電気的信号が行き来するという状態（反響回路）で脳の中に留まるものの（**短期記憶**）、次第に物質的解剖学的変化が起こることによって、脳が一時的に停止しても失われないような記憶痕跡（**長期記憶**）という形になる（固定）という考えを、提唱しています。なお、ＲＮＡ（細胞内で蛋白の合成を担う物質）や蛋白の合成を阻害するような薬物を、学習後の早い時期に投与するほど、その学習に関与する記憶の固定が大きく阻害されることが知られています。それゆえ記憶にはＲＮＡや蛋白の合成が重要な役割を果たしていると考えられます。

一過性全健忘

健康な人でも、身体的ストレスなどをきっかけに数時間から数日にわたって健忘の起こる場合があります。これは**一過性全健忘症**と呼ばれます。これに陥ると、いま起こっている出来事が憶えられないという順向性健忘が生じるとともに、それに陥る直前の出来事の記憶がないという逆向性健忘も生じます。なおこの健忘に陥った患者は現在の時間が正しく認識できなくなりますが、自分が誰なのかはわかっており、また自分の記憶障害についての病識は保持しています。さらに一般的な知能程度や会話能力はよく保たれています。

一過性全健忘症は、海馬を中心とした記憶機能に関係する脳部位への血液供給が一時的にストップするために起こると考えられています。この障害から回復（通常数時間ないし１～２日で回復する）すれば順向性健忘はなくなりますが、障害中およびその直前の記憶は失わ

6　Donald O. Hebb：カナダの心理学者で、１９４９年に発刊された *The Organization of Behavior*（日本語訳『行動の機構』２００７年発刊予定）において、心理現象を脳のメカニズムにより説明する試みを行ないました。その本で紹介された細胞集成体、位相連鎖の概念、学習に伴うシナプス変化、記憶の固定に関するアイデアは後の脳研究に大きな影響を及ぼしました。また彼の著作 *Textbook of Psychology*（日本語訳『行動学入門』白井常他訳、紀伊国屋書店）は世界でも最も読まれた心理学テキストです。

れたままとなります。

海馬と非侵襲的研究

ＰＥＴ、ｆＭＲＩ[7]で調べれば、海馬とその周辺部が記憶に関係して活性化する、と考えられますが、それについて否定的な結果を示す研究も多くあります。これは、損傷しても一般には記憶障害が生じない前頭連合野が記憶に関係してほとんど例外なく活性化する、という研究とともに、興味ある結果です。ただ、記銘（憶え込むこと）や再認に関係して海馬とその周辺の活性化を報告した研究も最近は増加しています。そこでは多くの場合、記銘時にも想起時にも海馬とその周辺部が活性化し、しかも想起テストの成績が良い（よく憶えた）場合ほど、その活性化量は大きいことが示されています。さらに、記銘時には海馬のとくに前方部分、想起時には海馬後方と周辺（海馬傍回《ぼうかい》）で活性化が大きいという傾向も見られます[8]。

プライミングの非侵襲的研究

プライミングとは、ある言葉や事物について見たり聞いたりすると、その言葉や事物そのもの、あるいはそれに関連したものの認知が速く、効率的になる現象をいいます[9]。一度接したことのある情報を無意識に記憶にとどめておくことで、２度目に出会った時にすばやく対応することを可能にするものです。ｆＭＲＩの研究によれば、２度目にその刺激が呈示されたときには、初めて呈示されたときよりも、関連する脳部位（視覚刺激なら視覚領）での活動が低下することが示されています。このことから、プライミングに関する情報は脳の視

7　「30　ｆＭＲＩ」参照

8　海馬のとくにその前方は脳室の近くに位置していることから、ｆＭＲＩではノイズの影響を受けやすいことが指摘されています。脳室とは脳の中にあり、神経細胞や神経線維のない中空の場所で、脳脊髄液で満たされています。記銘に関係して海馬前方の活性化が得られなかったというｆＭＲＩ研究では、こうしたノイズの影響を受けていた可能性も考えられます。一方、Ｈ・Ｍの事例のように、海馬周辺がなくても過去の記憶を想起できるのに、なぜ健常人で記憶想起に関係してこの部位が活性化するのか、に関しては現在も多くの研究者が頭を悩ませています。

9　「2　プライミング効果」参照

覚野や聴覚野に蓄えられており、その刺激の呈示が2度目以降になると、蓄えられた記憶の助けにより、少ない脳活動で処理できるようになると考えられます。

動物における海馬破壊実験

記憶の脳メカニズムを調べる研究で、ミシュキンらはヒトの「宣言的記憶」の再認テストに近いものとして、毎試行、毎試行、すべて違った見本を提示するタイプの遅延非見本合わせ課題（図18－2）[10]を用いてサルの記憶テストを行ないました。その結果、海馬のみ、または扁桃核のみを破壊した場合では記憶障害は軽微であるのに、両方同時に破壊すると、とくに遅延時間が長い場合に再認能力が著しく悪くなり、サルでも重篤な記憶障害が生ずるということがわかりました。

しかしその後の研究ではミシュキンの結果は支持されていません。**扁桃核**[11]は側頭葉の深部に位置しており、ミシュキンは扁桃核破壊のためにそこを被っている嗅内野、嗅周野、海馬傍回と呼ばれる皮質部分の一部を吸引して取り去っていましたが、じつはこの皮質部位が記憶に重要であることが後にわかったのです。ヒトでも海馬のCA1のみに損傷のあった患者R・Bに比べて、海馬とそれらを被う皮質部分の切除を受けたH・Mでは健忘の程度がより重篤でした。このことから、重篤な記憶障害をもたらすのに重要な脳部位は、海馬よりもむしろ海馬と扁桃核を被っている皮質部位（嗅内皮質、嗅周皮質、海馬傍回）であると考えられています。

海馬と空間認知、外傷体験

図18-2　サルにおける遅延非見本合わせ課題
遅延時間とは、見本提示のあと、選択までの間に設けられる時間のことです。見本として呈示(1)された物体（試行ごとに異なったものが呈示されます）を憶えていて、遅延期間(2)終了後に見本とそうでない物体を呈示されたとき、サルが見本と違うものを選べば(3)餌がもらえます。

10　先に見たものとは違うものを選べばエサがもらえます。

11　「20　扁桃核」参照

これまでのところ、動物の海馬や海馬周辺脳部位においてニューロンのレベルで記憶の固定にかかわる活動は見出されていません。ニューロン活動のレベルでは、むしろ第19項で詳しく述べる**認知地図**に関係するような活動がネズミの海馬で見出されたおり、海馬の機能として、空間認知や空間記憶の重要性が指摘されています[12]。おもしろいことに最近、複雑な街並みを憶えるのが大変なイギリスのロンドンでタクシードライバーをしている人の海馬を調べると、経験の長い人ほどその容積が大きいというような報告もされています。一方、小さいときに虐待経験をもつ大人や、戦争体験などをきっかけに生じるＰＴＳＤ（外傷後心的障害）などを抱える人の海馬が有意に小さいことも見出されています。こうした事実は、海馬の機能が記憶だけに限定されるものではないことを示しています。

なお、ＰＴＳＤ患者の海馬が小さいことに関係して、生まれつき海馬が小さいためにその障害になったのか、外傷体験そのものが海馬を小さくするのか、に関して研究が進められています。それに関連して、神経細胞は皮膚の細胞などと違って、いったん失われると再生しないというのが定説になっていますが、最近の研究では、海馬で神経再生が見られる、という報告もされています。さらにごく最近、他の脳部位でも神経再生が見られたという動物実験があり、脳の再生医療研究が始まろうとしています。

12　「19　認知地図」参照

●参考書
山鳥重（２００２）『記憶の神経心理学』医学書院
久保田競編（２００２）『記憶と脳』サイエンス社

19 認知地図

事象間の関係に関する知識

第二次世界大戦の前後、心理学の対象は行動であり、客観的に測定可能なもののみを研究対象とすべきだとする「行動主義心理学」が主流でした。そこでは「学習」とは、ベルの音と餌、それに唾液反射が連合するパブロフの実験のように、刺激と刺激、あるいは刺激と反応が連合することによりできあがる、としか取り扱われませんでした。しかしトールマンはそうした考えに反対し、学習とは事象間の関係に関する「知識」、すなわち**認知地図**（Cognitive map）の獲得であると提唱しました[1]。事象間の関係ということで「認知地図」にはさまざまなものがありますが、最も多くの研究が行なわれているのが「空間的な事象間の関係」に関するものです。

潜在学習

複雑な迷路の中を歩き回ってゴールに至っても、餌を与えられることがなかったネズミも、いったんゴールに餌が導入されると、始めからゴールにたどりつけばいつでも餌がもらえたネズミに匹敵するほどの学習成績を直ちに示すようになることが知られています（図19－1）。ネズミは、餌がなくても装置内を探索するなかで、迷路それ自体の空間的配置を学ぶと考えられます。このように、学ぼうという目的を持たない行為のなかで無意識的に学習することを**潜在学習**といいます。強化がなくても潜在的に知識が得られるというわけです。

1　Tolman & Honzii, 1930.

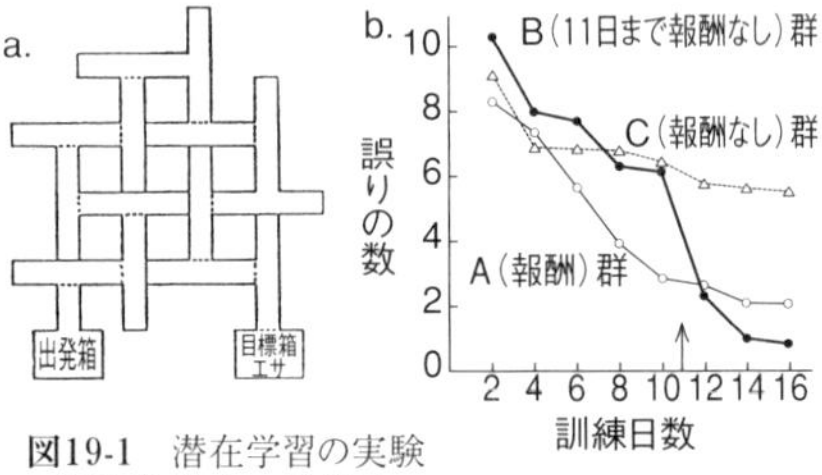

図19-1　潜在学習の実験
a 迷路装置内の破線は一方向にしか開かないドアの位置を示します。

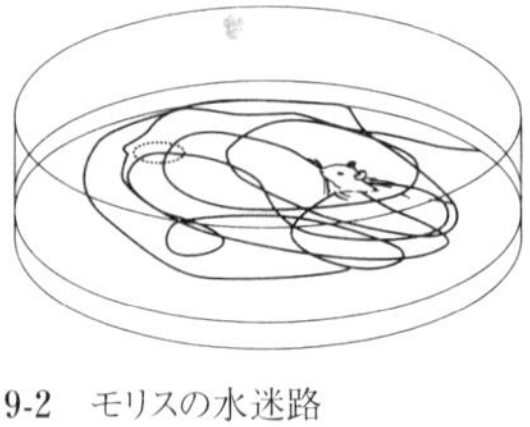

図19-2　モリスの水迷路
ミルク色の液体の中に水面より少し低い位置までの高さの台が一つあります。ネズミはその台のあるところを憶えていて、そこにたどり着けば休むことができるとわかっています。

モリスの水迷路と認知地図

モリスは不透明な液体で満たした円形のプールの一箇所に、液体に隠れて見えない小さな台のある装置を用いてネズミの学習訓練をしました（図19－2）。プールに入れられたネズミは、最初はむやみに泳ぎ続けますが、プール内の一定箇所にそこで休むことが可能な台のあることを知ると、次からはプールに入れられるとすぐにその台を見つけ休むことができるようになります。プールの周囲にはネズミのいる位置を知る手がかりとなるような電球とか、机などがおかれています。こうした手がかりを除去すると、ネズミが台にたどりつくのに要する時間が増加することから、ネズミはそうした手がかりをもとに「認知地図」を作成し、それにもとづいて反応すると考えられます。ネズミではこの学習に「海馬」[2]が重要な役割を果たしており、海馬を破壊するとネズミはこの迷路学習に著しい障害を示します。

場所ニューロン

オキーフとナーデルは『認知地図としての海馬』という本を出版しました[3]。その本の中で彼らは、ネズミの海馬には自分が装置内のどこにいるのかという認識に応じて活動するニューロン（**場所ニューロン**と呼ばれる）があることを報告しました。場所ニューロンは、ネズミの体の向きに関係なく、外的手がかりとの関係で決まる自分のいる空間的位置に依存して活動を示します（図19－3）。こうしたニューロンが見出されたことにより、ネズミの海馬は確かに「認知地図」に重要な役割を果たしていることが示され、トールマンの考えが脳科学からも支持されたのです。

図19-3　ネズミの海馬の場所ニューロンの活動
空間内でネズミがいる位置によって活動量が変わります。上のパルス表示は場所ニューロンの活動を示します（タテ線が多いほど活動量が大きい）。このニューロンはネズミがCの位置にいるときに最も大きな活動を示しました。

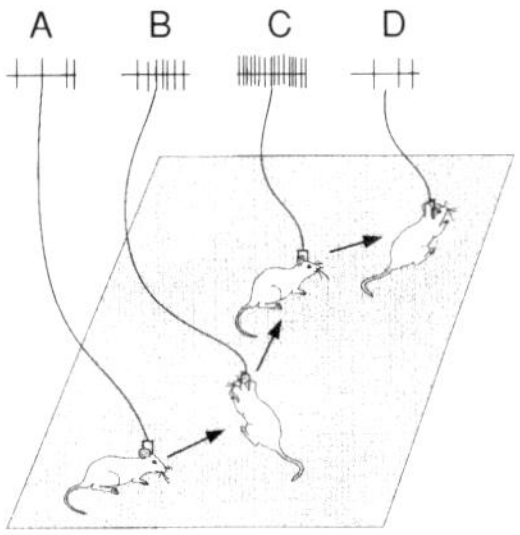

2　「18　海馬」参照

3　O'Keefe and Nadel, 1978.

●参考書
渡邊正孝（1994）「記憶、学習行動と脳」伊藤正男他編〈講座認知科学〉第5巻『記憶と学習』第2章、岩波書店、45～95頁
久保田競編（2002）『記憶と脳』サイエンス社

20　扁桃核

情動を司どるところ

扁桃核は海馬とともに大脳辺縁系を構成する重要な脳部位であり、とくに情動認知や情動発現に重要な役割を果たしています（図18－1参照）。扁桃核にはすべての感覚種に関して高次の感覚連合野から情報が入っています。ここでは扁桃核が、情動認知、情動発現や情動記憶に果たす役割について述べることにします。

クリューバー・ビューシー症候群

サルの、扁桃核を含む両側の側頭葉を破壊すると、**クリューバー・ビューシー症候群**と呼ばれる症状が現れます。サルは、食物と非食物の区別など、物体の生物学的価値評価ができなくなり（精神盲）、周囲にあるものを何でも口にもって行こうとし（口唇傾向）、同性や異種の動物にも交尾行動を行ない（性行動の亢進）、ヘビなどの、通常なら強い恐怖反応を示すようなものにも無反応になります（情動反応の低下）。扁桃核だけの破壊でもこうした症状は見られることから、扁桃核は情動認知や情動発現に重要な役割を果たしていることがわかります。

扁桃核と記憶

ウルバッハ・ベーテ病[1]では扁桃核に限局して神経細胞が変性します。この病気の患者は、

1　Urbach-Wiethe 病：扁桃核を中心とした内側側頭葉の嚢状石灰化が原因で生じ、眼科疾患や喉頭を始めとする粘膜部位に障害が見られる病気。

顔それ自体の識別には障害を示しませんが、悲しみや怒りの表情が区別できません。また声の抑揚による悲しみや怒りなどの感情表現を識別できず、人の気持ちを理解できなくなります。さらに健常人が恐怖を感じるような対象にもまったく動じなくなります。

私たちは大きな情動を引き起こすような体験をすると、それがより強く記憶に残ります。しかし上記の病気の人たちでは情動は記憶を促進しません。これは、扁桃核が、海馬[2]との相互作用により、強い情動喚起刺激はより強く記憶に残るように働くことを示しています。

扁桃核の機能

サルにおける研究においては、扁桃核のニューロンがヘビやクモなどの嫌悪性物体や食物に特異的に反応し、刺激がもつ「生物学的価値」（生物学的に好ましいか否か、どれほど好ましいか）を捉える働きをしていることが示されています。ヒトのｆＭＲＩ研究[3]では、恐怖刺激の呈示に対し、それが意識されない場合ですら扁桃核が活性化することが知られています。扁桃核の働きは生物の生存に重要な意味をもっています。たとえば、林の中を歩いていて、通り道で丸太の向こうにとぐろを巻いている細い物体に突然出会った場合など、その情報は視覚皮質を介さず視床から直接扁桃核に伝えられます。この速い、粗雑な情報の伝達によって、脳はその物体の意味する「潜在的な危険性」に対して反応し始めることができます。一方視覚皮質からは細部にわたる情報が時間をおいて届きます。危険な状況下では、皮質からの入力を待っているより、視床からの直接情報にもとづく扁桃核の反応により行動することで、生と死の分かれ道になることもあると考えられ、扁桃核はすばやく刺激の価値評価をすることにより、生命の生存に大きな役割を果たしているのです。

2　「18　海馬」参照

3　「30　ｆＭＲＩ」参照

●参考書
ジョセフ・ルドゥー（２００３）『エモーショナル・ブレイン――情動の脳科学』松本元・川村光毅他訳、東京大学出版会

21 刷り込み

期間限定の初期学習

刷り込みとは、ローレンツによって詳しく調べられた、鳥類などのごく限られた種に特異的に見られる学習行動です。カモやアヒルなどの新生ヒナが初めて目にした動くものに追随することを経験すると、それに対する追従が半永久的に続き、しかも再学習できない（その後で他の対象に対して追従するようになることはない）という大きな特徴があります。ここではこの刷り込みとともに、初期学習の問題を取り扱います。

臨界期

刷り込みの対象としては親鳥だけでなく、人でもウサギでも、さらには動くオモチャや単純なパルス光（音）など、とにかく動くものなら何でもよいのです。この現象は生後16時間前後に最も強く起こりますが、30時間を過ぎるともはや起こらなくなってしまうというように、生後ごくわずかな**臨界期**と呼ばれる期間内にしか起こりません（図21－1）。通常では「生まれて初めて見る動くもの」である親鳥に追随することを学べば、身の安全と餌を与えてもらえることになります。しかしヒナ鳥は、実験的に提示された動くものは何でも、それを「親」とみなしてしまうのです（図21－2）。トリの刷り込みでは、視覚系の脳部位である前頭蓋部の「内側上線状体腹側部」が重要な役割を果たします。

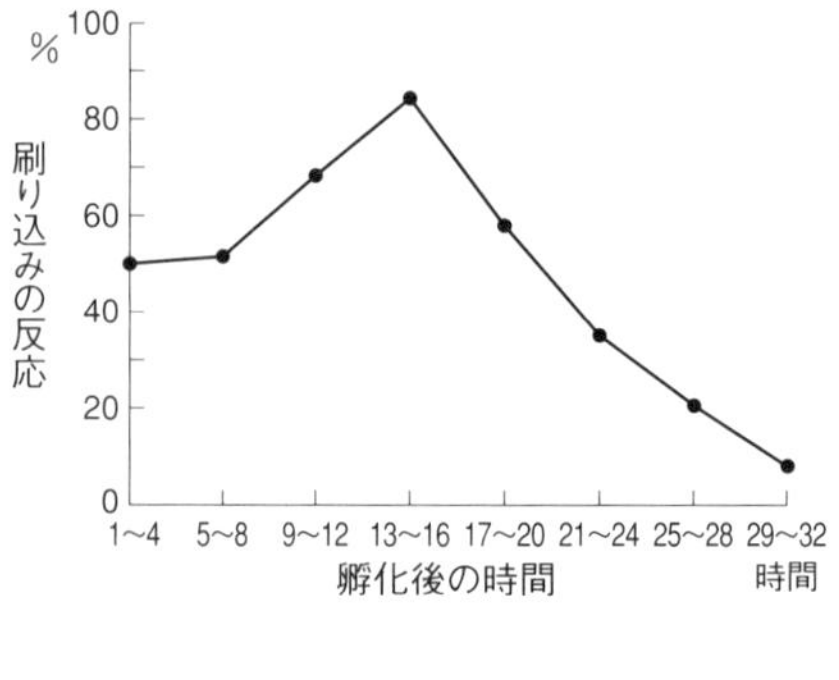

図21-1　刷り込みの臨界期
ふ化後の13-16時間後に最も多くの刷り込みが生じる。

性的刷り込み

こうして他の生物に刷り込みをされた動物は、成熟するとその種の生物に対して性行動を試みます。これはとくに**性的刷り込み**と呼ばれます。この傾向は弱いながら哺乳類でも見られ、生まれてからほとんどヒトしか見る機会のなかったイヌが、成熟してヒトに交尾を試みるという報告もされています。

初期学習

刷り込みの臨界期の期間はかなり限られていますが、幼児がものを見ることを学んだり（知覚学習）、言葉を覚えたり（言語学習）する場合にも臨界期に相当する期間があるとされています。ただ刷り込みほど限られた期間ではないために**敏感期**という言い方もされます。

たとえば生まれてすぐから感覚をできるだけ制限して（たとえば目隠しして）動物を育てると、この敏感期に適切な刺激が与えられない結果、後に制限をなくしても、ほとんど見たり、聞いたり、感じたりすることができなくなります[1]。こうしたことから、哺乳類が正常な知覚能力を獲得するためには、「敏感期」内に正常な刺激が与えられる必要のあることがわかります[2]。正常な刺激でも、成熟してから初めて与えられたのでは正常な知覚能力は獲得できないのです。逆に正常な環境で育てられて成熟に達した動物は、数カ月間感覚刺激から遮断されても、それによって大きな障害を受けることはありません。

敏感期には、外界の刺激を受けて脳内の神経細胞が互いに盛んに結びつきます。哺乳類の脳では、出生直後には神経細胞が過剰に存在しており、成長の過程で相互の結びつきができ

生まれてすぐ目にした動くものがローレンツであった新生カモたちはローレンツに刷り込みが生じ、彼が行くところ、どこにでもついて回った。

図21-2　ローレンツに刷り込みが起きた新生カモたち

1　生まれた直後から手足をボール紙の円筒で被い、触覚刺激を制限した状態で30ヶ月間チンパンジーを育てたところ、手足に針をさしてもチンパンジーは痛みを感じず、目隠しをして体の部分をつねっても、それがどこであるのかわからなかったと

る一方、一部の細胞は淘汰されることがわかっています。どの部分が淘汰されるのかは**初期学習**によって決まるのです。

情動、社会学習

ハーローは生まれたばかりのサルを母親や他の仲間と6ヶ月以上隔離して育てる試みをしました。こうしたサルは、後にサルの社会に入れられた場合、他のサルの威嚇に対しても恐怖や攻撃などの情動行動に異常を示しました。また毛づくろいなどの社会的行動も示さず、また、正常な性行動もできませんでした。乳児期に親にかまってもらえず、ネグレクトされた経験をもつヒトの場合でも、情動や社会性の異常、障害が報告されています。

言語学習

乳児は生後一年以内に母国語にさらされるなかで、その言語体系ではどの音素が重要であるのかを学習します。逆に、同じ音素に対応する異なる音を弁別する能力は失ってしまいます。日本の子供の場合、6ヶ月児であればRとLを区別できますが、1歳の終わりにはその能力は失われます。言語能力については「敏感期」は6歳ぐらいまでとされています。その年齢までに適切な言語刺激を受けないと、言語障害は一生続きます[3]。およそ6歳までにさらされた言語は、**母国語**として脳内に残ります。

外国語の早期学習

子どもはそれまでに身に付けた言語と異なる言語が話される環境に移住しても、それが6

いう報告、あるいはチンパンジーを16ヶ月間暗室で育てたところ、視覚能力がほとんど失われていたという報告もあります。ヒトでは生後ずっと視覚が遮断されていた先天盲の患者に、角膜移植によって開眼手術をする試みが行なわれています。ところが手術が成功して解剖学的には視覚系が正常になっても患者は「目が見えない」、つまり形が見えないと訴え、長期にわたる訓練によっても十分に物が見えるようにはならないことが示されています。

2　幼少期に異常刺激に曝すと、脳や行動の発達に大きな影響を及ぼします。ヒトの乳幼児期に目の病気などで片方の目に眼帯をすると、それがわずか1週間程度でも、その遮閉した目は矯正不可能な弱視になる場合があります。ここでも正常な視覚の獲得のためには視覚系の「正常な」初期学習が必須なものであることがわかります。なおヒトでは1歳以内がとくに感受性の高い時期ですが、4歳くらいまでは、一時的に片方の目に眼帯をするなどの遮蔽操作が、1歳までほどではないにしろ、ある程度の効果をもちます。

歳くらいまでならその言語を母国語のように身に付けることができます。6歳以降に他の国に移住すると、若いときほどその国の言葉によく適応しますが、それが完全な母国語と同じようになるというわけにはいきません。6歳を過ぎると、脳が言葉を覚えるしくみが変わると考えられています。一方、6歳までに2カ国語以上の言葉に（それぞれ同じように）さらされると、その2カ国語（以上）が共に母国語となります。

こうした事実から、外国語教育は早いほど良いという主張もあります。しかし、たとえば日本で完全にネイティブの日本語と英語を同じ程度に子どもに与え続けることができる環境はほとんどないに等しいと言えます。学齢期前の子どもに週に何時間かだけ、ネイティブでない先生による英語教育をしても、バイリンガルに育てることができるどころか、混乱をきたして言語遅滞を招きかねません。

発達期に豊富な環境が及ぼす影響

好ましい初期学習をするとどういう効果が表れるのかに関して興味ある動物実験があります。ネズミを刺激に乏しい小さなケージで育てる場合に比べて、豊かな環境、つまりいろいろな刺激（はしご、ブランコ、木片など）がある大きなケージで他の多くのネズミとともに育てると、大脳皮質の重量、厚さ、ニューロンの細胞体の大きさと、樹状突起の数と長さ、それにシナプス[4]の直径が大きくなることが知られています。しかも迷路学習など多くの学習でも成績が優れているのです。発達期の豊かな環境が、知的能力の発達に重要なことがわかります。

3　インドの狼に育てられたという子どもや、アメリカの12歳まで刺激のほとんどない部屋で監禁されて育てられたジーニーという名前の子どもを調べた研究では、その後の熱心な教育によっても適切な言語は獲得できなかったことが示されています。

4　ニューロン、細胞体、樹状突起、軸索、シナプス：ニューロン（神経細胞）の3つの大きな構成要素は細胞体、樹状突起、軸索です。細胞体はニューロンの中心に位置します。樹状突起は情報を受け取る部位で、木の枝のような形をしています。軸索は神経情報を他に伝える出力部で、形は長細い繊維状です。シナプスはニューロンとニューロンの接合部位のことで、多くの場合、一つのニューロンの軸索と別のニューロンの樹状突起の間に見られます。

●参考書
津本忠治（1986）『脳と発達』朝倉書店
ヘンシュ貴雄（2003）『頭のいい子ってなぜなの？——最新の脳科学研究がつきとめた〝脳が育つ〟メカニズム』海竜社
永江誠司（2004）『脳の発達と心理学』ブレーン出版

22 ワーキングメモリー

脳のメモ帳

私たちが暗算で3桁の数字の足し算をするときのことを考えてみましょう。正しい答えを出すまでは、2つの数字をずっと憶えておくとともに、繰り上がりがある場合はそのこともあわせて各桁ごとの足した結果を憶える必要があります。このようなときに必要とされるのが**ワーキングメモリー**と呼ばれるメモリーです。「メモリー（記憶）」とは、経験を後で思い出すことができるように貯蔵すること）。ワーキングメモリーとは求められている活動を行なうために、短い時間だけ、努力して憶えるものを言います。

ワーキングメモリーとは

ワーキングメモリーの概念はバッドリーによって提唱されました。彼の定義によると、「ワーキングメモリーとは、言語理解、学習、推論といった複雑な認知課題の解決のために必要な情報（外から与えられたもの、あるいは記憶から呼び出したもの）を必要な時間だけアクティブに保持し、それにもとづいて情報の操作をする機構」とされます。そこには不必要になった情報をリセットする（忘れる）という過程も含まれます。

バッドリーによれば、ワーキングメモリーは1つの中央実行系と視空間メモ、エピソードバッファー、音韻ループという3つの従属システムからなるとされます[1]（図22-1）。ワーキングメモリーには、出された刺激の内容を単に一時的に憶えておく（短期記憶）という

図22-1　バッドリーによるワーキングメモリーのモデル（苧阪, 2002）

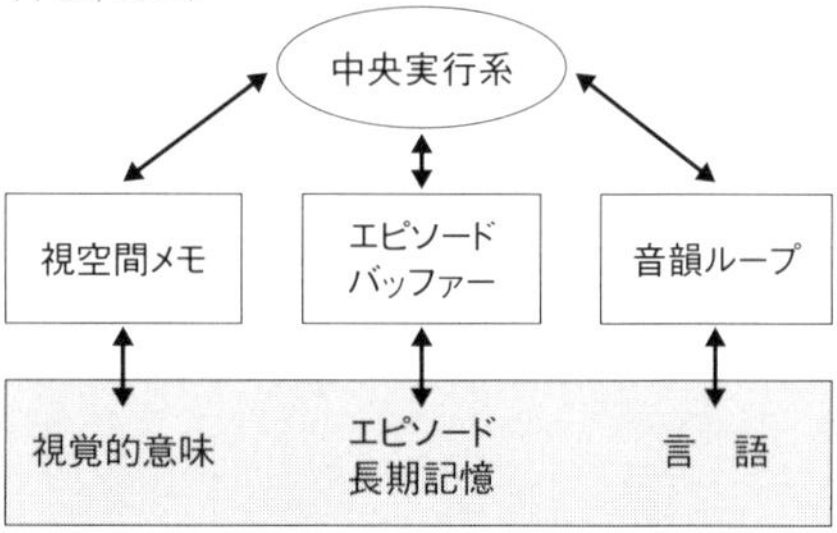

1　中央実行系、視空間メモ、音韻ループ、エピソードバッファーについて：バッドリーのモデルでの従属システムである「音韻ループ」は、内容を言語的に保持するシステムであり、「視空間メモ」は内容を言葉ではなく、視空間的なイメージとして保持するシステムである。「エピソードバッファー」は、長期記憶から引き出したものを、保持するシステムである。「中央実行系」は、従属システムの情報を取捨選択し、必要なら長期記憶からエピソードバッファーに移行するような操作もしながら、課題解決に向けて保持された情報を整理、統合する働きをするとされる。

2　「17　前頭連合野」参照

だけではなく、刺激に関する情報や、過去の記憶から引き出した情報をアクティブに保持し、それにもとづき問題解決のために情報を操作する、という過程が含まれるのです。バッドリーらは、従来の短期記憶、長期記憶という概念だけでは人の複雑な認知過程の記述、分析に不十分であるとして、このワーキングメモリーの概念を提示したわけです。このアイデアは多くの認知心理学者の共感を呼び、ワーキングメモリーに関係した研究は発達、言語、教育など多くの分野で行なわれるようになりました。しかし、情報の「操作」を含むような心理過程を「メモリー」と呼ぶことに対する批判も当然のことながらなされてきました。ワーキングメモリーは記憶ではあるが、記憶以外のものも含むとすれば、それを記憶と呼ぶのは適切とはいえない、という批判です。とくに中央実行系のような「システム」を「メモリー」に含めたために混乱を引き起こしたという批判も多く出されています。また、その構造についても、従属システムとしてこの3つが必要十分か、という指摘もあります。ちなみにバッドリーのオリジナルのモデルにはエピソードバッファーは含まれていませんでした。

ワーキングメモリーに関係したヒトにおける損傷研究

ヒトでワーキングメモリー課題に障害が最も顕著に見られるのは前頭連合野[2]の損傷によるものです。人で用いられるワーキングメモリー課題の典型の1つに、**n-バック課題**と呼ばれるものがあります（図22-2）。この課題では一定の時間間隔をおいて次々に刺激が呈示されますが、被験者はそれぞれの刺激が呈示されるたびに、それがn個前のものと同じか違うかの判断を求められます。nが3の場合を例にとると、刺激が呈示されて比較が終わった時点では3個前のものを忘れ去り（リセットし）、2個前と1個前に呈示された刺激の内

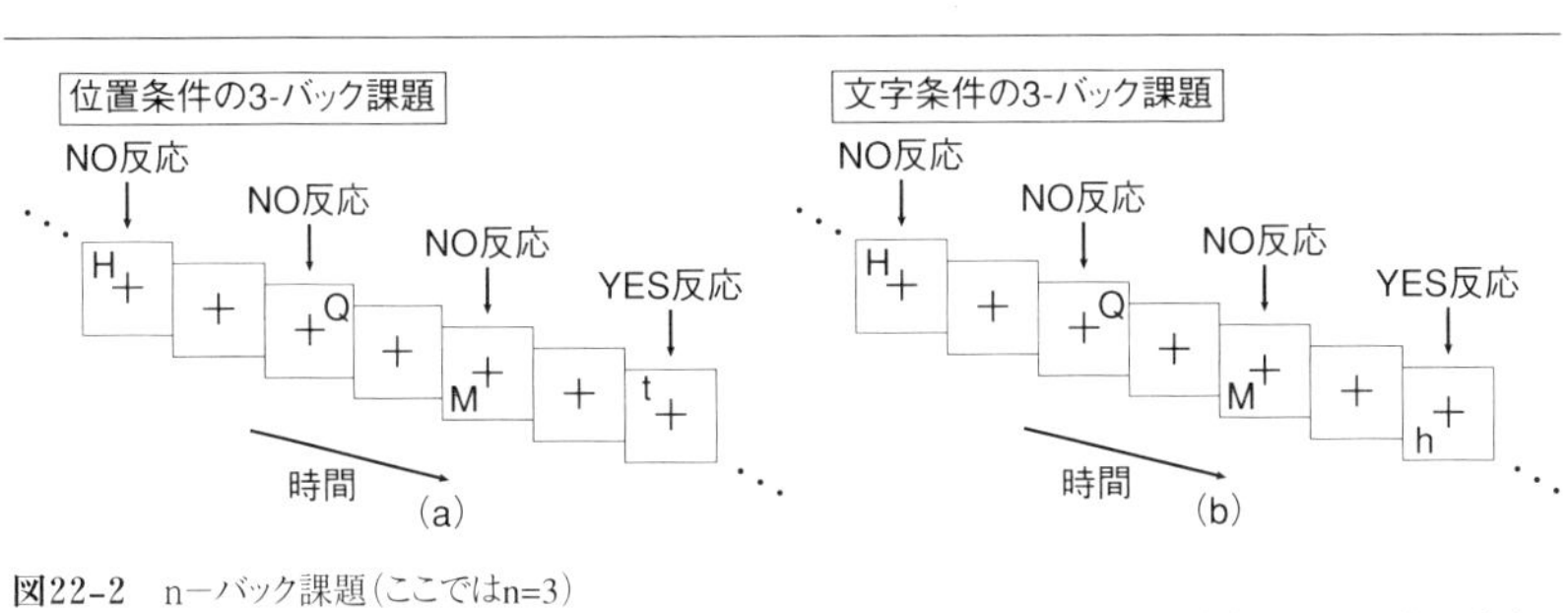

図22-2　n―バック課題（ここではn=3）
(a):位置条件。(b):文字条件。ともに同じ刺激系列が用いられる。被験者が画面中央の注視点（十字）を見つめていると、一定時間間隔をおいてスクリーンのいろいろな場所にアルファベット1文字が呈示される。文字は大文字の場合も小文字の場合もある。被験者はaでは呈示された刺激の文字の違いは無視して、その位置が3つ前と同じかどうかを答え、bでは位置は無視して（かつ大文字と小文字の区別も無視して）その文字が3つ前のものと同じかどうかを答える（Smith, 1995）

容を「保持」しつつ、呈示されたばかりの刺激を新たに頭の中に入れるという「操作」を繰り返すことが要求されます。健常な人では、1 - バック課題は容易ですが、2 - バック課題はやや困難となり、3 - バック課題になると正解を続けることはかなり困難となります。前頭連合野損傷患者はこの課題で著しい障害を示します。

前頭連合野損傷の有無を調べるために最も広く普及しているテストである、**ウィスコンシン・カード分類テスト**もワーキングメモリー課題に挙げられます。これについては第29項で詳しく説明します。

ワーキングメモリーに関係した動物実験

サルで試みられるワーキングメモリー課題としては、遅延反応課題[3]（図22 - 3）、遅延交替反応課題[3]、遅延見本合わせ課題[4]、遅延非見本合わせ課題[5]、などがあります。前頭連合野破壊ザルでは、こうしたワーキングメモリー課題の遂行は押しなべて障害を受けます。

空間的遅延反応課題下でサルの前頭連合野のニューロン活動を記録すると、遅延期間中に活動が増えるニューロンがたくさん見つかります。さらにこれらの課題における右に餌が見せられた試行と左に餌が見せられた試行で遅延期間中に異なる活動を示すものがあることも明らかにされています。こうした右と左に餌が見せられた試行間で遅延期間中に異なった活動を示すニューロンは、「課題解決に必要なワーキングメモリー情報をアクティブに保持する」という役割を果たしていると考えられます（図22 - 4）。

ただし、ワーキングメモリーに関係した遅延期間中の活動は、前頭連合野のみで見られるのではありません。サルの頭頂連合野には、前頭連合野で見られるのときわめて類似した空

3　遅延反応課題と遅延交替反応課題：どちらも動物の象徴機能を調べるために用いられる心理学的課題。遅延反応課題では、まず動物の前に2つの同じ不透明なカップを左右に置き、そのカップの一方に報酬（エサ）を入れるのを見せる。その後、カップを閉じ、さらに動物の前のスクリーンを閉じる。しばらく時間がたった（遅延期間が終了した）後に、スクリーンをあげて動物に反応を許す。そこで動物が以前に報酬の入れられたカップのほうに反応すれば、その報酬を与える。

遅延交替反応課題では報酬をカップに入れるところを動物には見せないが、報酬は右→左→右→左、と交互にカップに入れられるので、動物は遅延期間をはさんで左右のカップに交互に反応することによって報酬を得ることができる。

遅延反応では外的手掛かりに頼らず、どちらのカップに報酬が入れられたかを遅延期間中に憶えておく必要があり、遅延交替反応では、やはり外的手掛かりに頼らずに、前に行なった反応が右に対してであったか左に対してであったかを憶えていなければならない。

間的ワーキングメモリーニューロンが見出されます。サルの下側頭連合野にも、遅延見本合わせ課題において、見本刺激の違いにより遅延期間中に異なった活動を示すものが見出されます。しかし、その性質に違いも認められます。すなわち、頭頂連合野や側頭連合野のニューロンにおいては、遅延期間中に妨害刺激が提示されると、保持すべき情報に関係した活動は失われてしまいます。それに対し前頭連合野ニューロンは、妨害刺激があっても、保持すべき情報を遅延期間中は保持し続けることができるのです。

　ところでワーキングメモリーに関係してサルの前頭連合野ニューロンの活動を調べる研究で

図22-3　遅延反応課題
左右同一のカップのどちらにエサが隠されたかをサルが憶えていて,遅延期間終了後にそちらの側に反応すれば,そのエサを得ることができる。なお,エサは試行ごとに左右ランダムに呈示される。

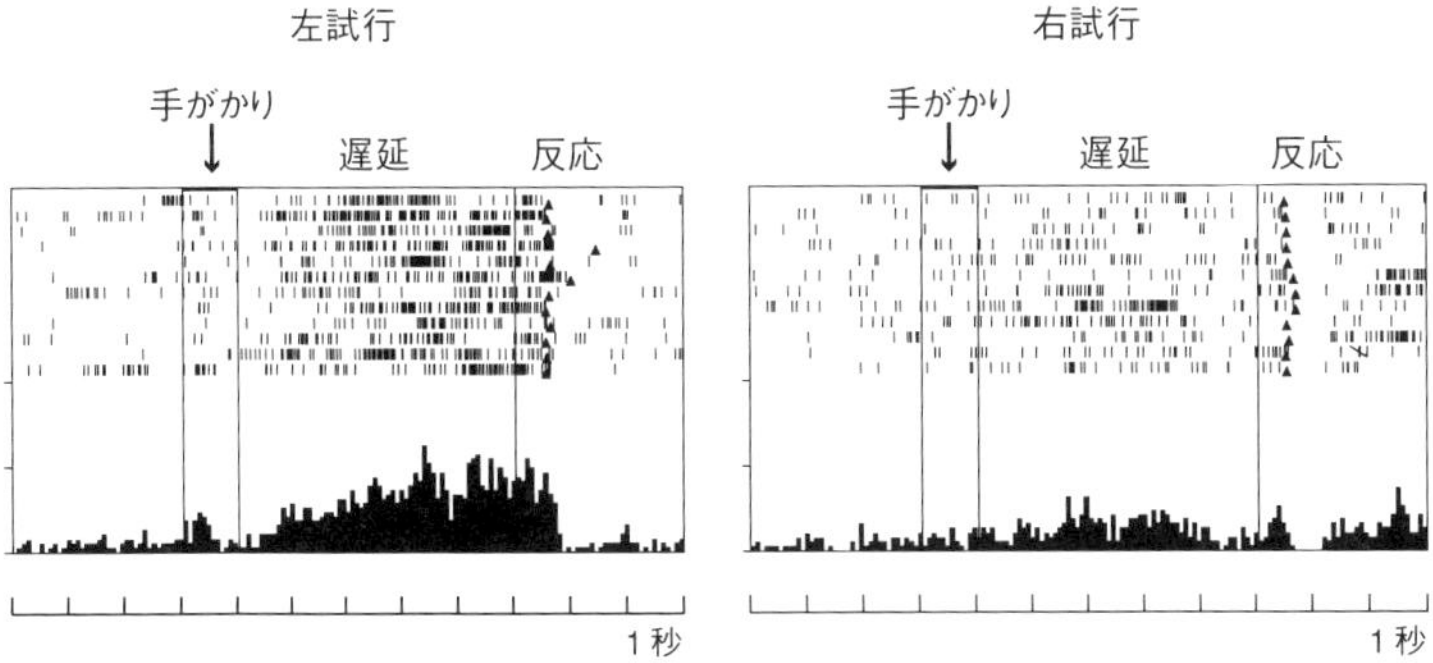

図22-4　右に餌が見せられた試行と左に餌が見せられた試行で、遅延期間中に異なった活動を示したサル前頭連合野ニューロン。
　各列は1試行を表し、それぞれの試行における小さな縦線（パルス）は、このニューロンが活動をした時点を示す（活動が多ければ多いほどパルスは密になる）。
下のヒストグラムはパルス表示したものを12試行分加算したものである。「手がかり」は餌が呈示された時点を、「遅延」は遅延期間を、「反応」はサルの反応の時点をそれぞれ示す。ここではサルが正しく反応した試行における活動のみ示している。

は、もっぱら遅延期間中の「保持」過程に関係した活動が調べられ、「中央実行系」に関してはほとんど調べられていません。ニューロンのレベルで、どのような活動が現われれば中央実行系の機能を反映していると言えるのかについては、研究者の意見は必ずしも一致していません。しかし最近は「どのような課題状況か」、「どのようなルールで反応すべきか」、というような中央実行系の作用に関係すると考えられるニューロン活動も前頭連合野で報告されるようになっています。

ワーキングメモリーに関するヒトの非侵襲的研究

ワーキングメモリーは後に詳しく述べるｆＭＲＩ[6]のような、非侵襲的研究の中でも最も多くの研究者が目を向けた対象と言えます。ｎ‐バック課題下で調べたスミスらの研究では、図22‐2に示されるようにディスプレイ上に一定の時間間隔をおいて次々に刺激が呈示されました（ａは位置条件、ｂは文字条件）。被験者は、位置条件では文字の違いを無視して位置が同じか違うかを見て、文字条件では位置の違いを無視して文字が同じか違うかを見ます。呈示された刺激が３つ（ｎ＝３）前のものと同じ場合にはＹＥＳの反応を、異なっている場合はＮＯと反応をするよう要求されました。次々に呈示される刺激が、あらかじめ決められたたった一つの刺激と一致しているか否かを答えさせるというワーキングメモリーを要求されないコントロール課題下と比較すると、「位置条件」では、前頭連合野背外側部（ブロードマンの46、9、10野[7]）、運動前野と補足運動野（6野）、頭頂連合野（7、40野）において、「文字条件」では、ブローカの言語野（左半球の44、45野）、前頭連合野背外側部（46、9、10野）、頭頂連合野（7、40野）と小脳が活性化していました。なお、位置条件では右

4　見本として呈示された物体が何であったかを憶えていて、遅延期間終了後に見本とそうでない物体を呈示されたとき、サルが見本として定時されたものを選べば餌がもらえるという課題。

5　「18　海馬」参照

6　「30　ｆＭＲＩ」参照。

7　ブロードマンの領野については「30　ｆＭＲＩ」参照

半球で、文字条件では左半球で、それぞれより大きく活性化していました。

ワーキングメモリー課題に関係させたほとんどの非侵襲的研究では、前頭連合野のとくに背外側部（主に46、9野）が活性化しています。一方で、前頭連合野とともに頭頂連合野を中心とした他の脳部位の活性化も必ずといっていいほど報告されています。これは、ワーキングメモリーが前頭連合野と、頭頂連合野を中心とした他の脳部位との「ネットワーク」によって担われていることを示していると言えます。

ワーキングメモリー課題下で、前頭連合野が常に活性化するというわけではありません。たとえば典型的なワーキングメモリー課題の1つとされるn‐バック課題のなかでもやさしい1‐バック課題では、前頭連合野はほとんど活性化しません。さらに、ワーキングメモリー負荷が過大になると課題の成績が落ちるとともに、前頭連合野の活性化が減少するという報告もあります。つまり、負荷が小さいときと過大な時には前頭連合野の活性化は小さく、負荷が中くらいで、いわば適度に困難な課題遂行時に大きく活性化する、という逆U字関係があるとされます。

前頭連合野の活性化は、課題が適度に難しく、被験者が十分に「頭を使う」時に限られるようです。なお、「難しすぎるワーキングメモリー課題」では、被験者がやる気をそがれ、頭を使おうとしなくなるために活性化が生じないのかもしれません。また、老化に伴って、ワーキングメモリー課題に関係する脳活性化のパターンが、若年者のものと異なってくることも示されています[8]。

8　「28　痴呆」参照

●参考書
苧阪満里子（2002）『脳のメモ帳　ワーキングメモリ』新曜社
苧阪直行編（2000）『脳とワーキングメモリ』京都大学学術出版会

23 ソマティック・マーカー仮説

感情が意思決定を左右する

私たちは人生のなかでいろいろな選択・意思決定場面に直面します。こうした場面において、私たちはできるだけ多くの情報を集め、それにもとづいて合理的な結論を得ようとします。しかし、私たちの意思決定には感情や動機づけが大きな影響を与えることもわかっています。**ソマティック・マーカー仮説**はそのメカニズムを説明するものとして脳科学者ダマジオが提唱したものです。

意思決定におけるヒューリスティック

私たちは日々、いろいろな意思決定場面に遭遇しますが、「これしかない」というような解は見つからない場合も多いものです。それでも現実には私たちはその時々に意思決定を行なっています。いろいろな選択肢があり、「正解」というべきものがそもそもあるかどうかはっきりしないような状況で人の行なう選択には、ある特有の傾向が見られることも知られています。こうした傾向について詳しく分析したのがトヴァスキーとカーネマンという2人の心理学者です[1]。彼らは人の意思決定の過程が必ずしも論理的な道筋に沿ったものではなく、一見論理的に見えながら、かなりの部分が背後の知識、文脈、期待、その時の感情などに依存した、直感的で**ヒューリスティック**[2]なものであること、しかしその結論は、最適解ではないまでも、「適解」に近い場合が少なくないことを示しています。

---

1 Tversky & Kahneman, 1974. カーネマンは意思決定のメカニズムに関する心理学的分析を人の経済行動に応用し、優れた成果を得、2002年のノーベル経済学賞を受賞しました。

2 論理的思考が容易でない、あるいはそうしている時間的余裕がないときなどに、さし当たって到達する「それなりにもっともらしい」解決策。

3 Damasio, 1994. 邦訳書名『生存する脳』

4 「20　扁桃核」参照

意思決定の障害と前頭連合野腹内側部

ところが意思決定を行なうときに、いつも適解とはほど遠い結論を出してしまう人たちもいるのです。ダマジオがその著『デカルトのエラー』[3]で紹介しているエリオットの名前で知られる患者は、かつては商社マンとして、よき夫、よき父であり、個人的にも、職業的にも、社会的にも、人の羨むような立場にありました。しかし前頭連合野の脳腫瘍にかかり、その切除手術を受けてから人生が大きく変わってしまったのです。

手術後もエリオットの知能指数は正常以上であり、認知や記憶の障害は見られません。しかしそれとは対照的に、「社会的知能」の点で大きな障害が見られるようになったのです。たとえば、当面している事態が重要なものなのか些細なものなのかを評価したり、これからやらなければならないいくつかの事柄に優先順位をつけたりする場合、社会的な常識から大きくかけ離れた判断をしてしまうのです。

このエリオット、そしてこうした行動傾向をもつ人たちに損傷が見られるのが、前頭連合野の「腹内側部」と呼ばれる部位です（図23－1）。この部位はいろいろな感覚情報を受け取る部位であるとともに、扁桃核[4]を中心とした辺縁系と密接に結びつき、内臓情報を中心に体温などの体内情報や、感情、動機づけ情報も受け取っています。神経生理学的、神経心理学的研究によれば、この部位は外的刺激と情動、動機づけ情報を結びつけるのに最も重要な役割を果たしていることが示されています。

ソマティック・マーカー仮説

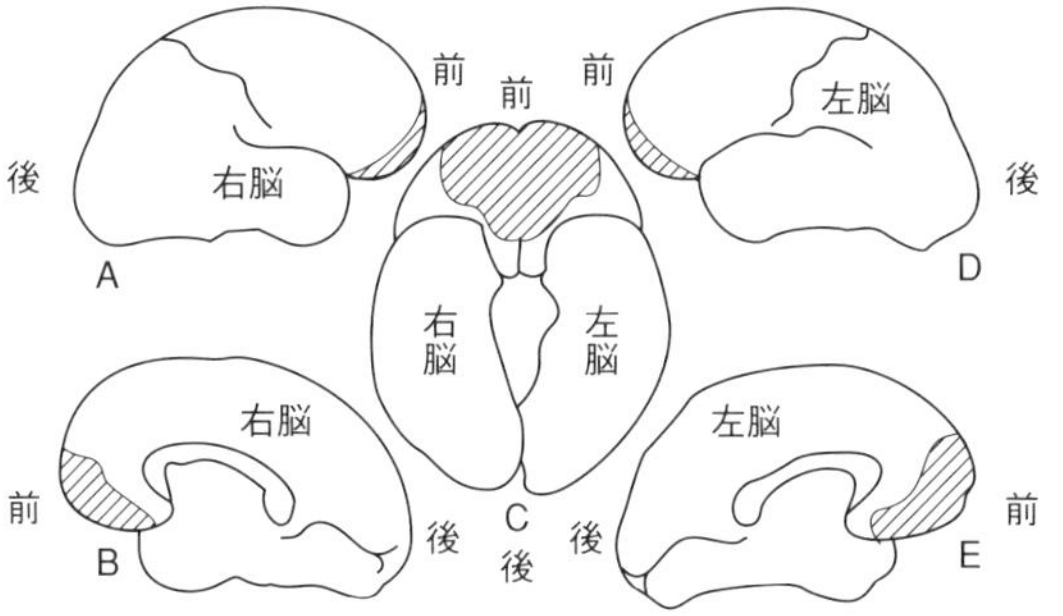

図23-1　前頭連合野腹内側部（斜線の部分）（ダマジオ, 1994より改変）Cは脳を下から見たもの

私たちの日常経験でも、「一見、とてもいい話のようだが、何となくその話に乗るのは気が進まない」というような場合があります。そうした場面で「話に乗るのか乗らないのか」という意思決定に働くメカニズムとしてダマジオが提唱しているのが**ソマティック・マーカー仮説**です。この仮説は次のようなものです。まずこのソマティック（Somatic は英語で「身体（上）の」、「肉体の」を意味します）という用語ですが、ダマジオは情動、動機づけには身体や、内臓の反応が伴うと考え、そうした身体的、内臓系の反応を「ソマティック反応」と呼んでいます。たとえば恐ろしいものを見ると心臓がどきどきするというような反応です。この仮説では次のように考えます。まず意思決定に重要な役割を果たす前頭連合野腹内側部は、外的な刺激とそれに伴う情動、動機づけを連合する脳部位と考えられています。例えばある場所で恐怖体験をするとその場所という刺激と、恐怖に伴う情動反応の連合が生じます。そしてこの連合が成立している場合には、外的な刺激が認知されると、腹内側部でその連合にもとづいて（例えば恐怖と結びついた場所に行くと心臓がどきどきするというような）ソマティック反応を身体、内臓系に生じさせる信号が出ます。その信号は「好ましい」感情に付随する種類のものであったり、「好ましくない」感情に付随する種類のものであったりします。ソマティックな信号は、「理由はないけれど、なんとなく近寄りたい、あるいは避けたい」というかたちで意思決定に影響するように働くと考えるのです。

ソマティック・マーカーの機能的意義

日常生活において、私たちがとりうる数多くの行動について、1つ1つ将来の帰結を合理的に推論し、その中から最適なものを1つ選択するというような余裕はありません。ソマテ

5　つまりソマティック・マーカーはある行動とその帰結の対を迅速に拒否したり、支持したりすることにより、意思決定を援助していると考えるわけです。カーネマンのいうヒューリスティックにもとづく意思決定にも、このソマティック・マーカーは重要な役割を果たしている可能性が考えられます。

6　ダマジオはその著書の中でそうした例を挙げています。「私はエリオットと次の来所日をいつにするかを相談していた。私は2つの日を候補に挙げた。どちらも翌月で、それぞれは数日離れていた。患者は手帳を取り出し、カレンダーを調べ始めた。そして何人かの研究者が目撃していたことだが、そのあとの行動が

ィック・マーカーは、刺激が出るとすばやく、かつ半自動的に現れるという特性をもち、いろいろな可能性の利点、欠点のすべてについて熟考する前に適切なシナリオを自動的に検出し（じっくり考慮するに値しないものを即座に切り捨て）、少数の選択肢からじっくりと選べるようにしていると考えられます[5]。ダマジオはこのマーカーが意識されることもあれば無意識に作用する場合もあると考えています。ソマティックな信号が出ても、何らかの理由によりそれに注意が向けられず意識にのぼらない場合でも、そのソマティックな信号が外界に対する私たちの欲求的または嫌悪的態度を支配しているメカニズムに無意識のうちに作用しうると考えているのです。

腹内側部が破壊されたエリオットのような患者の場合は、外部状況が認知されても通常なら生起するソマティック・マーカーが現われません。行動とその帰結の組み合わせは多数あり、その中からどの行動を選ぶかという可能性もまた多数あるにもかかわらず、マーカーが現れないために、どの行動をとっても患者にとって情動的な意味や価値が同じであることになります。その場合は意思決定の過程はもっぱら論理操作の過程となり、マーカーがあれば可能であるような迅速、適切な行動ができなくなると考えるわけです[6]。

ダマジオの説は、感情が思考に果たす役割や、無意識的判断というものについて1つの神経的基礎を与えるもので、大いに注目を集めています。しかし、彼の説に十分な実験的な証拠があるわけではなく、多くの批判もあります。イギリスの脳科学者E・T・ロールズなどは、ダマジオの説を、「悲しいから泣くのではなく、泣くから悲しいのである」という、情動の身体起源説であるジェームス・ランゲ説の焼き直しに過ぎないと評しています[7]。

異常だった。ほとんど30分近く、患者はその2日について、都合がいいとか悪いとか、あれこれ理由を並べ立てた。先約があるとか、別の約束が間近にあるとか、天気がどうなりそうだとか、それこそだれでも考えつきそうなことをすべて並べ立てた。平静に、退屈な費用便益（cost benefit）分析、果てしない話、実りのないオプションと帰結に関する比較を、我々に話していた。テーブルも叩かず、やめろとも言わず、こういった話に耳を傾けるのは大変な忍耐がいった。しかし、ついに我々は患者に、2番目の日に来たらどうか、と静かに言った。すると患者の反応もまた同じように静かで、しかもすばやかった。彼はひとこと、こう言った。『それでいいですよ』」（ダマジオ、邦訳書、2003より）。

7 Rolls,1999.

●参考書
A・ダマシオ（2000）『生存する脳』田中三彦訳、講談社
A・ダマシオ（2003）『無意識の脳 自己意識の脳——身体と情動と感情の神秘』田中三彦訳、講談社
A・ダマシオ（2005）『感じる脳』田中三彦訳、ダイヤモンド社

24 ドーパミン

脳を活性化させる神経伝達物質

ドーパミンは神経伝達物質の一つであり、運動機能にも、学習、記憶、思考などの認知機能にも、意欲、報酬などの情動・動機づけ機能にも関係するというように多様な働きをし、パーキンソン病、統合失調症、ＡＤＨＤ、などの病態とも重要な関わりのあることが知られています。ドーパミンを産生する神経細胞（ドーパミンニューロン）は脳幹の2箇所にあります。一つが「黒質」と呼ばれる部位、もう一つは「腹側被蓋野」と呼ばれる部位です。黒質からは大脳基底核へ、腹側被蓋野からは大脳皮質と辺縁系に神経線維が伸びています。神経線維の末端にはシナプスという構造があって、そこからドーパミンが放出されます。

パーキンソン病とＬ・ドーパ

パーキンソン病は、40歳以後に発症することが多く、手足のふるえ、動きの緩慢さなどの症状を伴います。パーキンソン病の原因は、黒質にあるドーパミンニューロンが減少することにより、そこからつながる、運動制御に関わる大脳基底核においてドーパミンが欠乏することによると考えられています。パーキンソン病の治療にはこの不足するドーパミンを補給する必要があります。ただ脳には「血液脳関門」[1]というバリアがあり、ドーパミンそれ自体を脳の外から直接に入れることはできないため、治療のためには、脳に入った後にドーパミンに変化する物質、**Ｌ・ドーパ**[2]と呼ばれる薬物が用いられます。

1　血液中にある物質が脳に移るときに作用する機構。高分子のたんぱく質は脳内には入らないという機構のおかげで高分子の毒性物質が脳に入ることが妨げられています。

2　Ｌ・ドーパはパーキンソン病のほとんどの症状に対して劇的な効果があり、これが開発されてからはパーキンソン病の人でも通常の社会生活を営むことが可能となりました。ただ、Ｌ・ドーパは万能ではなく、効果の持続する時間が比較的短いという欠点があります。さらに、数年服用し続けると、その効果が低下し、効いている時間が短くなります（2〜3時間しか効かなくなります）。

前頭連合野のドーパミンとワーキングメモリー

ドーパミンは大脳皮質の中では前頭連合野[3]に最も多く分布しています。サルの前頭連合野にドーパミンを阻害する薬物を投与すると、ワーキングメモリー課題である「遅延交替反応」がまったくできなくなります。一方ではこうした動物にドーパミンを補給すると障害が改善されます。L-ドーパが有効なのは投与後数時間という短い時間なので、この薬物を服用しているパーキンソン病患者において脳内ドーパミン濃度の高い時期と低い時期における認知能力を比較することができます。ワーキングメモリー課題の成績は、この薬物のない状況（ドーパミン不足）では悪く、投与した後（充分なドーパミン）では向上することが示されています。

ドーパミンの受容体

ドーパミンの受容体にはD1からD5まで5つのタイプが認められています。前頭連合野で最も多いのがD1、次に多いのがD2の受容体です。思考障害のある統合失調症患者の前頭連合野ではD1受容体が減少しています。こうした受容体の働きを高めてドーパミンの作用を促進する薬物を**作動薬**と呼びます。青壮年ザルに比べて前頭連合野のドーパミン量が少ない幼若ザルや老齢ザルにドーパミン作動薬を投与すると、ワーキングメモリー課題の成績が向上します。ドーパミン作動薬のブロモクリプチン（D2作動薬）やペルゴリド（D1＋D2作動薬）はヒトにも広く用いられており、高齢者ではワーキングメモリー課題における障害の改善にも働く場合があります。

3　「17　前頭連合野」参照

4　ネズミの視床下部、中隔核などに電極を挿入し、ネズミが自分でテコを押すとそこを通じて電気刺激が与えられるようにすると、ネズミは激しくテコ押しをすることが知られています。ヒトでこうした部位を電気刺激すると、性的快感を覚える、という報告もあります。自己刺激行動は、ドーパミンが多い部位に電極が挿入されたときによく見られます。

5　麻薬や覚醒剤などの薬物依存とドーパミン：麻薬や覚醒剤が与えられると、餌や水が与えられた場合と同様に側坐核においてドーパミンが放出されますが、餌や水の場合よりも放出量ははるかに大きいものです。そのため、麻薬や覚醒剤を予告する刺激と、麻薬や覚醒剤そのものとの結びつきの学習は（より多くのドーパミンが働くために）より強固なものとなります。そのために、餌や水のように単に「求める」だけでなく、「それがなくてはならない」という依存を形成することになるのです。

ドーパミンの最適レベル

ドーパミンの不足は認知障害を引き起こしますが、このドーパミンも多ければ多いほどいいというわけではありません。強いストレスは前頭連合野のドーパミン濃度を増します。過度のストレスによるドーパミンの過剰はワーキングメモリー課題に障害をもたらします。前頭連合野が効率的に働くためには、ドーパミン量が多すぎても、あるいは少なすぎても好ましくなく、「最適レベル」にある必要があると考えられています（図24-1）。覚醒度が高すぎても、低すぎても作業成績は悪く、中程度の覚醒度で作業成績は最もよくなる、という心理学において古くから知られている**ヤーキス・ドッドソンの法則**がドーパミンの作用に関してもあてはまるわけです。ドーパミン作動薬のブロモクリプチンの作用には個人差があり、ワーキングメモリー能力の低い人ではこの薬物の投与で課題成績が良くなるのに対し、もともとワーキングメモリー能力の高い人では、この薬物投与はむしろ成績を下げることがあります。

ドーパミンニューロンの活動

腹側被蓋野には、特徴的なニューロンが見られます。サルのこの部位の「ドーパミンニューロン」（図24-2）は、餌や水のような報酬、あるいは新奇刺激が与えられると活動を増します（A）。また、この餌や水を予告する刺激があると、その予告刺激で活動を増し、餌や水そのものには応答しません（B）。さらに、予告された餌や水が予告と違って与えられ

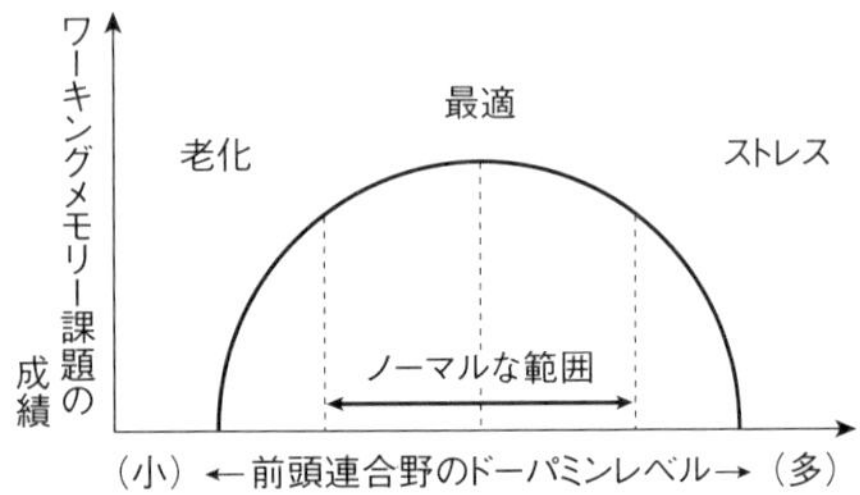

図24-1　前頭連合野におけるドーパミン作用に関するヤーキス・ドッドソンの法則（Desimone, 1995より改変）

●参考書
松本元・小野武年編（2002）『情と意の脳科学――人とは何か』培風館

ない場合は、活動を減少させます（C）。ドーパミンニューロンの活動は、予測との一致、不一致を捉える働きをし、学習を促進する役割をもつことが知られています。

動機づけとドーパミン

大脳基底核の側坐核と呼ばれる部位には腹側被蓋野のドーパミンニューロンの線維が来ています。餌や水、異性などの報酬そのものや、報酬を予測する刺激の呈示によりこの部位でドーパミン濃度が高まることが示されています。側坐核におけるドーパミン放出は快感をもたらします。自己刺激行動[4]が起こる脳部位の多くにはこのドーパミン線維が走っており、ドーパミンは動機づけを高め、行動を促進する役割をもちます。ドーパミンは餌や水などの報酬だけでなく、麻薬や覚醒剤などの薬物依存の形成にもかかわっています[5]。

ＡＤＨＤとドーパミン

最近とくに子供で件数が著しく増加しているＡＤＨＤ患者の治療にはメチルフェニデイト（別名リタリン）という薬物が最もよく用いられています。この薬物はドーパミンの働きを高める興奮薬とされます。健常成人に投与すると、ワーキングメモリー課題や推論を要する課題の成績を向上させるという報告もあります。興奮性が高いＡＤＨＤ患者にリタリンを投与すれば、興奮をもっと高めると思われます。ところがリタリンはＡＤＨＤ患者の興奮を鎮め、ワーキングメモリー課題の遂行など、知的作業を促進する作用を及ぼします。どのようなメカニズムでこの作用が生じているのかに関しては、現在のところ不明です。

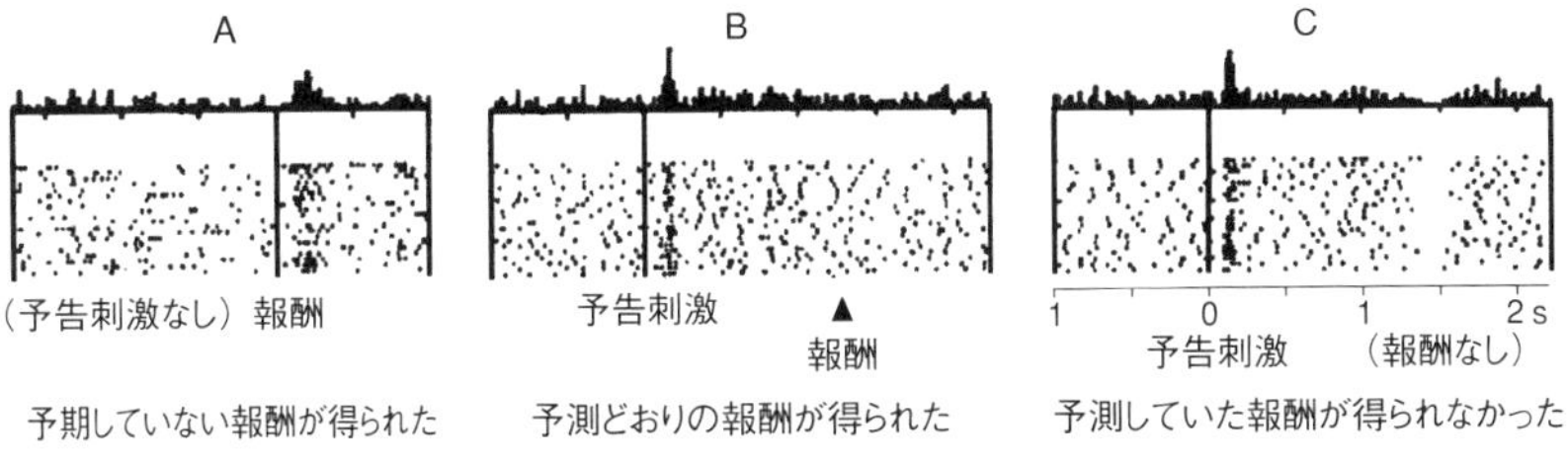

図24-2　ドーパミンニューロンの報酬応答（Schultz, 1997 より改変）
各列は1試行を表わし、各点はドーパミンニューロンの活動を示す

25　右脳・左脳

右脳と左脳の分業関係

１９７０年代から**右脳**と**左脳**の話題がアカデミックな世界でだけでなく、マスコミの間でもたいへんなブームとなりました。そこでは左の脳は言語的、系列的、時間的、デジタル的、論理的、分析的、合理的な思考に関わり、右脳は非言語的、視空間的、同時的、空間的、アナログ的、ゲシュタルト的（「全体は部分の集合とは異なっている」という見方）、統合的、直感的な思考に関わるとされました。また、日本人と西洋人では左右脳の機能が異なり、日本人は虫の音、風の音を雑音としてではなく、言葉として受け取り左脳で聞いている、というような主張もありました[1]。さらに右脳を鍛えて、柔軟な思考を身につけるべきだ、というような主張もありました[2]。こうしたブームは21世紀に入ったいま、ほぼ消えつつありますが、ここでは、左右脳の違いについて誤解を解くべく、科学的研究で明らかにされている事柄を述べることにしましょう。

右脳と左脳の成り立ち

脳はほぼ左右対称の２つの部分から成り立っています。この左の部分は左脳、右の部分は右脳と呼ばれます（図25－１）。右手や右足への触覚刺激や、右耳に入る音刺激のほとんどはまず左脳に入るのに対し、左手や左足、それに左耳への刺激のほとんどはまず右脳に入ります。視覚刺激に関しては右目と左脳、左目と右脳がつながっているのではなく、**右視野**（視

1　角田、１９７８

2　現在から考えると、右脳ブームがそれなりの広がりを見せたのは、右脳をこのように鍛えるとこのようにいいことがある、という場合の「このように鍛えるとこのようにいいことがある」という部分がそれなりに合理的なものである場合が少なからずあったからだと考えられます。しかし前提となる右脳の機能や、そもそも右脳だけを鍛えるなどということができるものなのか、などの根本的な点は脳科学にもとづかないものだったのです。むしろブームに便乗して音楽、絵画、創造性など何でも才能を伸ばす方法はとにかく「右脳を鍛える」、という言い方をされたのだと考えられます。

　たとえばものを考えるのに、「イメージを用いた思考を心がけることにより右脳が鍛えられ、より創造的な思考ができるようになる」、というような主張がなされました。左脳に比べて右脳はイメージ操作に優れている、という研究もあることから、イメージを用いた思考をすることは右脳をより強く働かせ、鍛えることになると考えられたのです。言葉の上だけで考えるのではなく、イメージを用いるとより良い解決が得られ

野の真正面から右側の部分）と左脳、**左視野**と右脳が結びついています。また運動の遂行に関しては、右手や右足は左脳が、左手や左足は右脳が支配しています。つまり、左脳は世界の右側を、右脳は世界の左側を司っている、と言えます。右脳と左脳は脳梁と呼ばれる部分でつながっていて、いったん右または左の脳に入った刺激情報はこの脳梁を通って反対側の脳に伝えられます。

脳の左右差

上で述べたような基本的な感覚や運動に関しては、右脳も左脳もほぼ同じように働きますが、左右の脳が異なった機能をもつ場合もあります。脳の左右差は、右脳あるいは左脳のみに損傷を受けた患者の示す症状によって明らかにされますが、最も顕著な差がみられるのは**言語機能**です。言語中枢（ブローカ野とウェルニッケ野）は95％以上の人において左脳にのみ存在しています（右ききの人で約96％、左ききの人で約70％）。一方、地図の理解や図形を形づくるというような空間理解や空間構成の能力は、左の脳より右の脳のほうが優れています。このことを最も典型的に示すのが**半側無視**と呼ばれる症状です。右脳の頭頂連合野に損傷を受けた患者の多くは、「世界の左側」で起こっていることに気づかず、無視します。視野の左側に視覚刺激が出されても、気づき

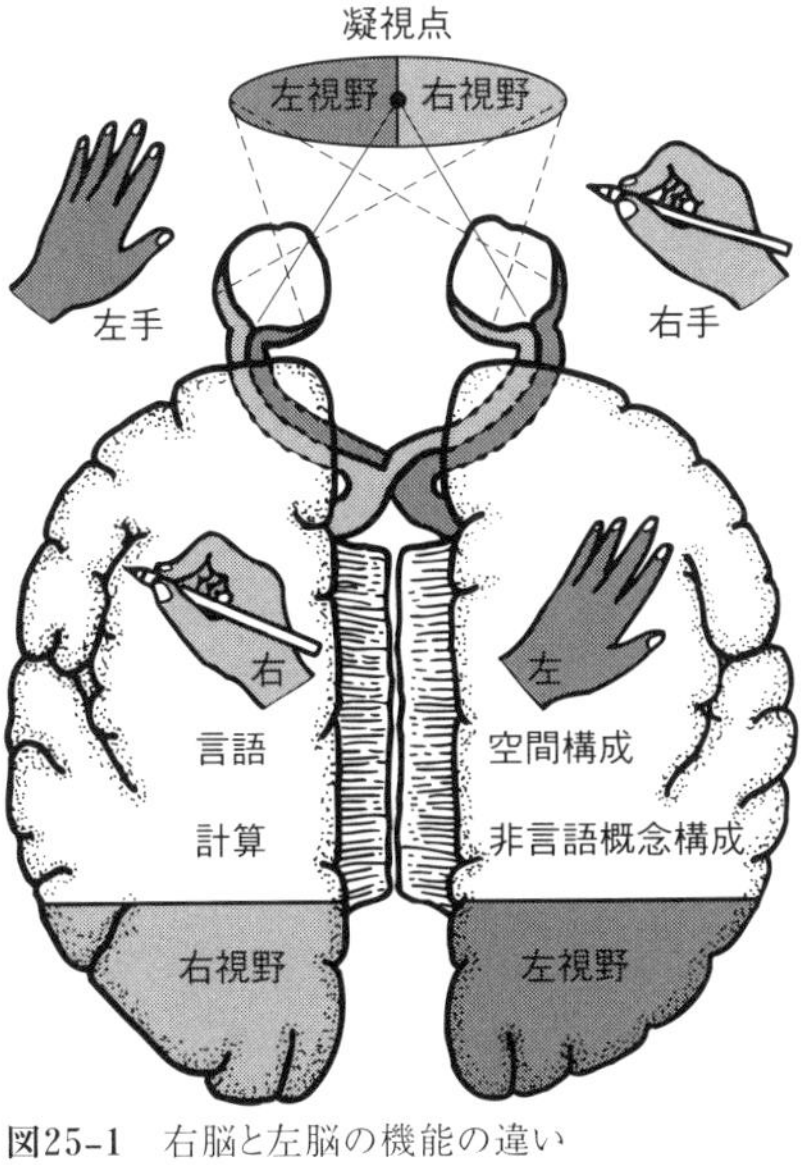

図25-1　右脳と左脳の機能の違い
（Sperry, 1984より改変）

る場合も多いことは事実であり、その方法を推奨すること自体は合理的なものです。しかし左脳もイメージに関係しているとした研究も多く、イメージを用いた思考を心がけることは、右脳だけを鍛えることになるとする学問的な根拠は乏しいのです。

ません。そのため、食卓の左半分のところに出されたお皿の食べ物は手をつけない、ということがよく起こります。絵をかいてもらうと右半分だけに描かれます。さらに洋服の左側には腕を通すのを忘れる、という現象も見られます。こうした「無視」が起こるのは左側に限られます。つまり右側の頭頂連合野損傷に限られます。左側の頭頂連合野に損傷を受けた患者で右側を無視する、というようなことはほとんどありません。また右脳の損傷では左脳の損傷の場合より、他人の考えや気持ち、意図を推し量ったり、隠喩や皮肉を理解する能力が大きく損なわれます。アミタールテスト[3]下で左脳だけを眠らせた患者や、左脳に重症をおった患者に、感情的に激しい反応がよく見られるのに対し、右脳が眠っているときにはよく多幸感が現われます。こうしたことから、右脳はネガティブ、左脳はポジティブな感情により大きく関わっているとされます。

離断脳

脳梁は左右の脳を結ぶ神経線維の束ですが、この脳梁を切断する、という手術が行なわれたことがあります。この手術はボーゲンとヴォーゲルによる次のような発想から生まれました。脳の中の、てんかんを引き起こす部位を焦点と呼びますが、焦点は通常、左右の脳の対照的なところに位置しています。どちらかの焦点で脳の電気活動が乱れると、脳梁を経由して反対側の焦点にもそれが伝わり、このプロセスが繰り返され、ついには発作になると考えられます。それならば左右の脳の連絡を遮断（離断脳）すれば、電気活動の増強が抑えられ、発作が防げるのではないかと考えられたわけです。そして実際に手術をしてみたところ発作は妨げられたのです。

3　右または左の頸動脈に麻酔薬アミタールソーダを注入し、右または左脳だけを数分間麻酔することにより、左または右の脳だけの働きについて調べるテスト。とくに言語機能が右脳にあるのか左脳にあるのかを調べるのによく用いられます。この方法を開発した研究者の名前を取って「和田法」とも呼ばれます。

この手術を受けた患者の脳では左脳と右脳の連絡がとれなくなります。この手術を受けた患者を**分離脳**患者と呼びますが、彼らには精神がはっきり2つに分かれるときがある、というエピソードに事欠きません。ある男性は、左手で妻を殴ろうとすると、右手がそれを払いのけました。また別の分離脳患者に「あなたがなりたいのは何ですか」と質問して答えを指差してもらうと、左手（右脳）はレーシングドライバーを、右手（左脳）は設計技師を指したというような例もあります[4]。

健常人における左右脳の関わり

脳科学の進歩が著しいものの、この表題の疑問についてはほとんど未解決と言えます。右利きの人のほとんどにおいて言語中枢は左脳にあり、空間処理能力は右脳が優れています。しかし言語、空間処理にそれぞれ左や右の脳が重要であるとしても、健常人においては、片方の脳で処理された内容は刻々と別の片方の脳に伝えられるわけで、言語処理に右脳はどのように関わるのか、空間処理に左脳はどのように関わるのかという疑問が生じます。この問題について関西大学のN・D・クックは次のように考えています[5]。片方の脳の情報が、自動的にもう片方の脳に伝えられるとしたら、脳の左右差は生じないはずなので、脳梁は左右の脳の情報を機械的にもう一方の脳に流す役目をしているのではないと考えられます。言語処理をしているときには、言語機能に乏しい右脳はむしろ働かないほうが効率的と考えられます。しかし、だからといって右脳全部が働かないということでは（右の脳は体の左側をすべて司っており、また空間情報処理では左の脳より優れている）効率的とは言えません。言語処理をしているときは、左脳にある言語中枢に相当する右脳の部位で、あるいは空間情報

4 オーンスタイン、2002

5 クック、1988

処理をしているときは、空間処理に重要な右脳の頭頂連合野に相当する左脳の部位で、活動が抑えられることが最も効率的と考えられます。つまり「左右対称の一方の部位が他方の部位を抑制する」のに脳梁が重要な役割を果たしていると考えているのです。

無意識と右脳

1981年にノーベル医学・生理学賞を受賞したスペリーは、分離脳患者に1点を注視させている間に、プロジェクション・タキストスコープ（刺激をごく短時間だけスクリーンに投影表示するための装置）を用いることにより、右視野（左脳）、または左視野（右脳）だけに0・1秒というごく短時間（この期間内なら提示刺激に対して眼球運動はまだ始まらない）、刺激を呈示するという実験をしました。すると患者は右視野に出されたものについてしか報告できず、左視野に提示された刺激については何も見なかったと答えたのです。しかし、患者は左視野に出されたものと同じものを、左手を用いて触覚的に選び出すことはできました。それゆえ、この患者の右脳の働きの内容は「意識」にはのぼらないものの、右脳は立派に心的活動をしていたということができます。

ガザニガは女性患者をテストしている時に、何の予告もせずに右脳（左視野）に対しヌード写真を瞬間呈示してみました。するとこの患者はくすくす笑いだしました。患者には何かを見たという意識はなく、「何故おかしいのか」と聞かれると「何故かわからない、この機械がおかしい」などと答えたということです[6]。ガザニガが別の男性患者の左視野に「笑え」という言葉を瞬間呈示すると、患者は笑い始めました。そこでその理由を聞くと「だって、あなたはほんとうに面白い人だ」と答えました。「こすれ」という言葉が瞬間呈示されると、

図25-2　ガザニガが分離脳患者に行ったテストの模様
（ガザニガ&レドゥー, 1980より改変）

6　Gazzaniga,1970.

患者は左手で頭の後ろをこすりました。命令は何だったのかと尋ねると、彼は「かゆい」と答えたのです[7]。

ガザニガは上記の男性分離脳患者に左右別々の絵を同時に瞬間呈示し、手元のカードの中からその絵と関連のあるものを選ばせる、というテストもしています（図25-2）。するとたとえば、左視野（右脳）に雪景色、右視野（左脳）に鶏の足を見た患者は、右手では鶏の頭を、左手ではシャベルを指さしました。その説明を求めると「ああ、それは簡単ですよ。鶏の足は鶏に関係あるし、シャベルは鶏小屋の掃除に必要だからです」と答えたのです[7]。左脳は右脳の反応の理由（雪かきにはシャベルが必要）を知ることができず、推測にもとづいて理屈をつけ、こじつけているわけです。こうしたテストを繰り返すと、患者は激しく動揺してきます。左脳の出す答えは右脳からすれば馬鹿げたことであり、右脳はなぜその手が特定のカードを指差したか知っているので、左脳の話を簡単に聞き流すことができず、不賛成の意を情緒的な反応（いらいらするなど）というかたちをとって示すことになるわけです。

以上のように分離脳患者の研究の結果は、2つの脳が2つの意識を生み出していること、しかし右脳の意識内容はいわば**無意識的意識**であり、右脳の働きの結果について左脳は真の原因を知ることができないこと、そして左脳には原因を推測し、強引にこの世の中を整合的に解釈するような心的メカニズムのあることを示しています。

---

7 ガザニガ、1980

●参考書
S・P・シュプリンガー、G・ドイチェ（1997）『左の脳と右の脳』第2版、福井圀彦・河内十郎監訳、医学書院
M・S・ガザニガ（1987）『社会的脳』杉下守弘・関啓子訳、青土社

26　乳幼児健忘

赤ちゃんの頃の記憶がない

ヒトは2～3歳ぐらいまでの記憶がほとんどありません。これは**乳幼児健忘**と呼ばれています。フロイトはこの健忘が「性的なものなど、不快なものを抑圧するメカニズム」[1]によって生じると主張しました。一方では「誕生の記憶」があるという人もいます。記憶の固定には**海馬**[2]が重要な役割を果たしています。ここでは乳幼児健忘を海馬の発達に関連させて考えるとともに、前頭連合野[3]機能と関連させて思考の発達についても述べることにします。

海馬の発達と乳幼児健忘

ネズミを対象とした研究では、海馬の発達にはかなり時間がかかることが示されているので、海馬が十分発達していない段階では、経験が固定しないために乳児期健忘が生じるという説がこれまで一般的でした。しかし最近の研究で、ネズミに比べてヒトやサルの海馬はかなり早く発達することが明らかになってきました。誕生からサルでは2ヶ月で、ヒトでは15ヶ月で海馬は一応の完成をみるとされています。

ヒトやサルの再認能力は海馬機能をよく反映します。新生児にも使える再認テストとして最も信頼性の高いものに選好注視法と呼ばれるものがあります（図26－1）。これは被験者に何か一つの（興味を引くような）ものを十分な時間見せた後それを一旦隠し、一定の時間が経過した後に、新奇な刺激と前に見せた刺激（両刺激が被験者の注意を引く力はほぼ等し

1　フロイトは、幼児が異性の親に愛着をもち、同性の親には敵対心をもつと考えました。幼児はそうした考えに罪悪感、不快感をもち、そうした考えは「抑圧」するのだとフロイトは考えました。

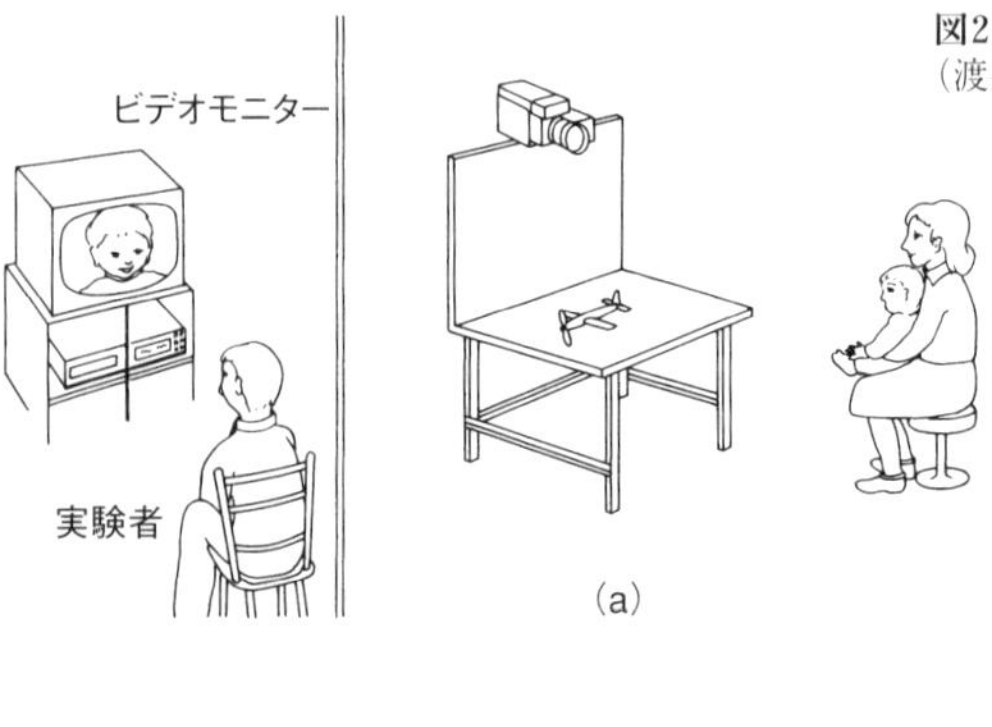

図26-1　選好注視法（渡邊, 1994より改変）
(a) 子どもに注意を引くような物体を見せる。(b) 前に見せた物体と、新奇な物体を並べて子どもに見せる。

いものとする）とを同時に呈示して、被験者の（視線の方向で示される）注意がどちらにどのくらいの時間向けられるのかを調べるものです。あらかじめ十分見ている刺激には、見慣れてしまい、いわば退屈しているわけであり、被験者にその記憶が残っている限り注意は新奇なものに多く向く傾向にあります。このテストで調べると、ヒトは生後すぐに10秒の遅延後でも、2ヶ月齢では24時間の遅延後でも再認できることが示されています。このようなことから乳幼児健忘の原因は、海馬の未発達によるものではないと考えられます。選好注視テストでは見たものを言葉にして憶える必要はありません。しかし成長してからの乳幼児期の記憶の有無は、言語的に表現できるかどうかで判断されます。そのため乳幼児健忘は、言語が未発達で経験を言語化できないために生じるという説が有力になってきています。一方、乳幼児健忘の原因として「自我の未発達」、「こころの理論[4]の未成立」などが関係しているという主張もあります。こうした機能には前頭連合野が重要な役割を果たしています。前頭連合野は記憶すべきものを整理し、組織化する役割も果たしています。乳幼児健忘には前頭連合野の未発達も関係していると考えられます。

誕生の記憶

近年、出生の瞬間や出生直後の記憶をありありと語る子供がおり、それが必ずしも両親の話などから構成して語っているとは考えられないという報告があり、ヒトは「誕生の記憶」をもちうるというような主張もあります[5]。この主張に対しては、言葉がまだわからない時の経験をどのように憶えておけるのか、というような反論も多くあります。しかし無視できないほど多くの報告が世界中からなされていることを考えると、ことの真偽そのものの興味

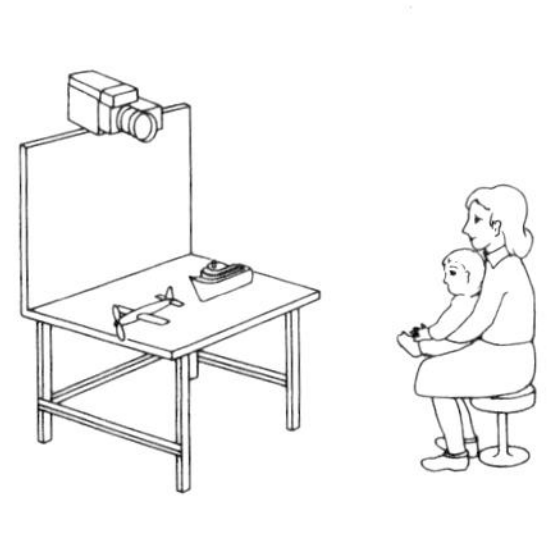

(b)

2　「18　海馬」参照

3　「17　前頭連合野」参照

4　自分や他人の心の状態を推測する能力のこと、4～5歳ごろからこの能力は見られます。

5　チェンバレン／片山陽子訳（1991）

6　同じ形のコップ2つに同じ高さまで水を入れたのち、一方を細長い

はもちろんのこと、もしそれが「偽の記憶」だとしたら、その記憶はどのように形成されるのかについての研究も必要となります。

思考の発達

心理学者のピアジェは、子どもの思考の発達を4段階にまとめました。ピアジェによると0歳から1・5～2歳の**感覚運動期**には、感覚器官による知覚と、動くことによって得る知覚から対象物を認知しており、そこに内的な思考の過程はないとされます。7～8歳までの**前操作期**には、児童は外界の事象を内的に表象して処理することができるようになります（ままごとなどの「ごっこ」遊びができるようになります）。ただその思考はまだ論理的なものではなく、「自己中心的」なものです。また数や量の「保存」の概念[6]はまだありません。11～12歳までの**具体的操作期**になると保存概念もでき、さらに、「ころんでケガをした」という事実を「ケガをしたのはころんだから」というように時間の基点を変えてものを見るというような可逆操作も行なえるようになります。自分が具体的に理解できる範囲のものに対しては「因果性」などの論理操作も可能になります。11～12歳以後の**形式的操作期**になると、形式的、抽象的な思考が可能となり、演繹的な思考も行なえるようになります。

ピアジェの発達段階に関しては、出題の仕方を変えたり、解き方を教えたりすると、特定の発達段階に至っていない子供も当該の発達段階の課題にパスするようになる、などの実験的事実や、発達はより漸進的なものである、とする批判もありますが、ピアジェの説の部分的な批判に止まっています。

思考に最も重要な役割を果たすのが前頭連合野です。ピアジェの示した論理的思考の発達

コップに移します。細長いコップに入った水の高さは、もとのコップより高くなります。すると子どもは、そちらのほうが多いと答えるような誤りをします。

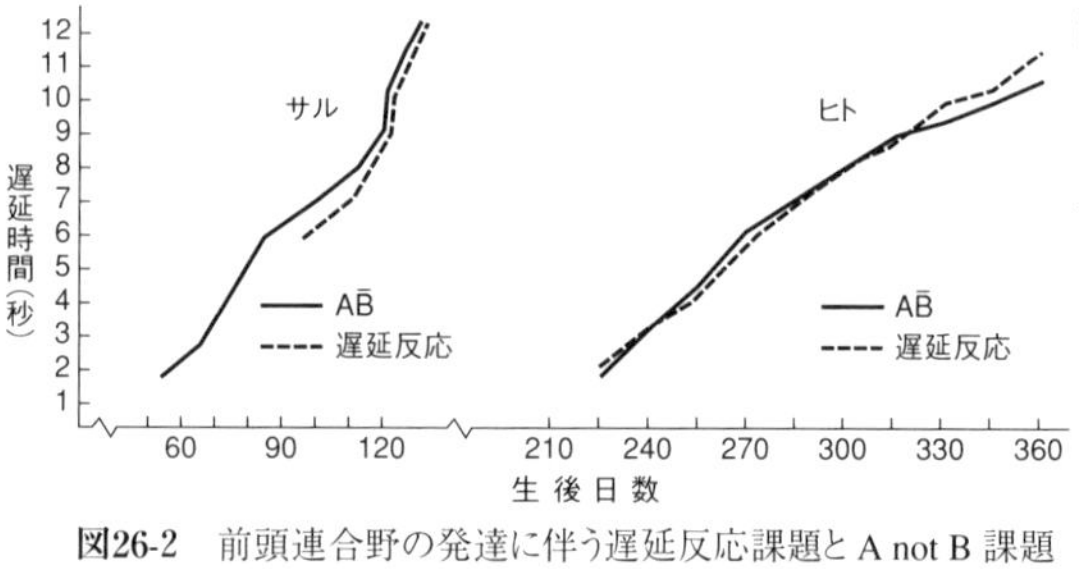

図26-2　前頭連合野の発達に伴う遅延反応課題とA not B課題の遂行成績の変化（Diamond, 1990より改変）

サルとヒトが両課題で、各日齢ではどれだけの遅延なら正しく反応できるのかを調べたもの。サルでは生後50-125日の間に、半月で約2秒の割合で遅延が伸びています。一方、ヒトでは生後225日から360日の間に、1ヶ月に約2秒の割合で遅延が伸びていることがわかります。

は前頭連合野の発達とよく対応しており、脳科学の面からも彼の説は支持されていると言えます。

A not B課題と前頭連合野の発達

前頭連合野の発達と、思考の基礎であるワーキングメモリー[7]能力の増加にはよい対応のあることが明らかにされています。ピアジェの感覚運動期の第Ⅳ期のテストとして児童心理学で広く用いられている「A not B課題」は、物が目の前からなくなっても存在し続けるという「物体の永続性概念」の有無を調べるためのものです。これは動物で主に用いられる「遅延反応課題」と基本的に同じ側面を調べています[8]。前頭連合野が未発達な7・5ヶ月齢以下の幼児には、遅延が数秒でもこの「A not B課題」は困難です[9]。産まれて間もなくから、いろいろな月齢のヒトとサルについて「A not B課題」と遅延反応の学習能力を調べた研究では、この両テストの成績はヒトでもサルでもよく似た経過で向上することが見出されています（図26－2）。ヒトの7・5－12月（サルでは2－4ヶ月）には錐体細胞[10]の軸索の長さ、数の増大が顕著であり、神経細胞間の結びつきも密になることから、これがA not B課題の成績の上昇と関係していると考えられます。

こうした前頭連合野の機能発達には、神経伝達物質ドーパミン[11]も重要な役割を果たしています。前頭連合野ではドーパミン濃度は生後すぐから成人になるまで一貫して増加することが知られていますが、7・5－12ヶ月の成績向上は、ドーパミン支配の増加（ドーパミンの濃度のレベルでも、受容体の密度のレベルでも）にもよく対応しています。

---

7 「22 ワーキングメモリー」参照

8 遅延反応（図22－3参照）では、報酬が各試行毎に左右ランダムにおかれるのに対し、「A not B課題」では一定の数の正解（2回の場合が多い）が、右か左で続いた後に報酬が別の側に変わります。

9 ここでは、最初の側には正しく反応しても、正解の側が変わるとそちらに反応せずに、前に正解であった側に固執する傾向が見られます。つまり、前の試行ではAの側が正解で、今度の試行ではBの側が正解になっても、相変わらず「Aを選びBを選ばない（A not B）」わけで、課題名はこのことから来ています。

10 大脳皮質にあるピラミッド（錐体）形をした大きな神経細胞。興奮性の情報を伝える役割をします。

11 「24 ドーパミン」参照

●参考書

下條信輔（1988）『まなざしの誕生――赤ちゃん学革命』新曜社
D・チェンバレン（1991）『誕生を記憶する子供たち』片山陽子訳、春秋社
津本忠治（1986）『脳と発達』朝倉書店

27　創造性

新しいものを創り出す能力

創造性は文学、芸術、科学、それに仕事や日常生活と、それぞれの分野で多様なかたちで発揮され、その特質を一言で言い表すのは容易ではありません。しかし最大公約数的に言えば、「他の人が考えつかなかったようなことを考え、それを目に見える形で公表したり、実用に供したりし、それが人に大きな感動を呼び起こしたり、思考様式や生活様式を大きく変えることにつながるもの」ということができます。

「創造的」な仕事

創造的な仕事はどのようになしとげられるのでしょうか。学問の領域での創造性の発揮を例にとると、そこでは、「普通なら見落としてしまうような現象に何か意味を見出す、あるいは関連がないと思われるものの間に関連を見出す」ということが重要であるとされます。創造性の発揮には、偶然や幸運が重要である、とよく言われます。これを**創造性神話**と言います。しかし神話は神話でしかありません[1]。それでは実際にこうした「普通なら見落としてしまうような何か」を見出すためには、何が必要なのでしょうか。第1に重要なのは「問題意識」と言えます。第2に重要なのは「何か」に気がつくことのできるための学問的素養です。第3に重要なのは、新しい現象に対する「柔軟性」です。予定通り研究が進まないときにも、そこに何か別の要因がないかどうかに思いを致すことができるかどうかは重要です。

1　ベンゼン環の発見をしたケクレはうたた寝をしている時の夢うつつの中で蛇が自分のしっぽをくわえた姿のまま、ふざけてぐるぐる回っているのを見て、「稲妻の閃光にあったかのように目をさまし」、ベンゼン環の構造を思いついた、とされます（図27－1）。
　このような話を聞くと、創造的な仕事とは偶然に支配された幸運がもたらすものである、というような感じを受けます。しかしこの発見はベンゼン環の構造に関してケクレが長く悩み続けていた上で夢をみたのであり、突然天啓として現れたものではないのです。

図27-1　ケクレの夢とベンゼン環の構造（左頁）

第4に新しいものを作り出したい、という強い動機があるかどうかも重要です。さらに第5に、考えを視覚的なイメージとして表わし、そしてそれを自在に操作する能力も創造には重要です。そしてもちろん第6に、発見した現象を整理し、必要なら確認実験をし、それにもとづいて理論を構築したり、製品化したりするという「完成させる」能力が重要です。

創造性を支える脳部位

このような創造性を支える脳部位はどこでしょうか。「右脳思考」が創造性のカギであるというような主張がさかんにされたことがありました[2]。右脳は空間処理などに優れ、創造に必要な直感的思考を担うのではないかと考えられたのです。しかし、右脳と左脳のどちらかがよく働くことより、両方が協調して働くことのほうが重要ではないかと考えられています。創造性のための知識の蓄積とかイメージの形成などには、側頭連合野が重要な役割を果たすと思われます。それ以上に重要な役割を果たすと思われるのは前頭連合野です[3]。創造的仕事に必要な、柔軟なものの見方、何かを作り出したいという知的動機、一つの目標のために集中する力などは前頭連合野の高次機能そのものと言えます。ただ創造性の脳メカニズムに関しては、きちんと整理された研究はほとんどないのが現状です[4]。ＬＳＤ、メスカリンなどの幻覚剤の摂取、あるいは瞑想などによる意識の変容や、精神病が創造性を促進することがあるのではないかと考えられたこともありますが、薬物や瞑想、精神病により少なくとも歴史に残るほど創造的なものができた、ということはほとんどありません。

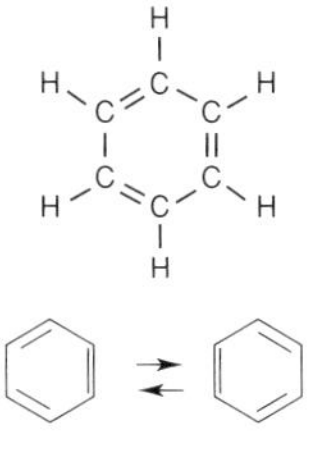

2　「25　右脳・左脳」参照

3　「17　前頭連合野」参照

4　かのアインシュタインの脳は平均よりずいぶん小さかった（1230グラム）とか、右頭頂葉が大きく、外側溝（前頭葉と側頭葉の間にある脳の大きな溝）が本来の場所になかったとか、脳の皮質は薄いものの神経密度は大きく、グリア細胞（脳の栄養を司る細胞）が多かった、とか言われています。しかし、同じような脳をもった人が有意に優れた創造性を示す、あるいは創造性を示す人では有意に同様の傾向がある、ということが示されなければ、彼のデータは科学的な意味はありません。

●参考書
渡辺正孝（2001）「創造性は学べるか」小泉英明編『育つ・学ぶ・癒す脳図鑑21』工作舎、271～283頁

28 加齢と脳

アルツハイマー病と認知障害

20世紀初頭、ドイツの精神科医アロイス・アルツハイマーは、記憶、思考など、知性の著しい喪失を特徴とする病気の患者の脳を調べ、大脳皮質に黒いシミのような領域（老人斑）と、神経細胞の中に糸がもつれたような物質（神経原線維変化）があることを見出しました。現在、こうした病気は**アルツハイマー病**の名で呼ばれています。世界中で、そして日本ではとくに、人口に占める高齢者の割合が増加しており、高齢化対策は大きな問題となっています。その中でも、認知症は最も深刻な問題です。認知症は脳血管障害でも生じますが、多くはアルツハイマー病により生じます。認知症に至らなくても高齢者では運動、知性、情操といろいろな面で能力の低下が見られます。ここでは老化に伴う脳の変化と、それによる知性の変化について述べるとともに、認知症の対策についても考えてみます。

老化と脳容積の減少

高齢者の脳をＭＲＩ画像で見ると、ほとんど例外なく脳が萎縮し、脳室部分が大きくなっていることがわかります（図28－1）。しかし脳はどの部分も均等に萎縮するわけではありません。最も大きな萎縮の見られるのは高次精神機能の中枢、前頭連合野[1]です。この脳部位は十分な発達に20年ほど必要としますが、その後はゆっくりと退化の道を歩みます。前頭連合野の容積は20歳代から10年ごとに約5％ずつ減少する、という報告もあり、80歳代では

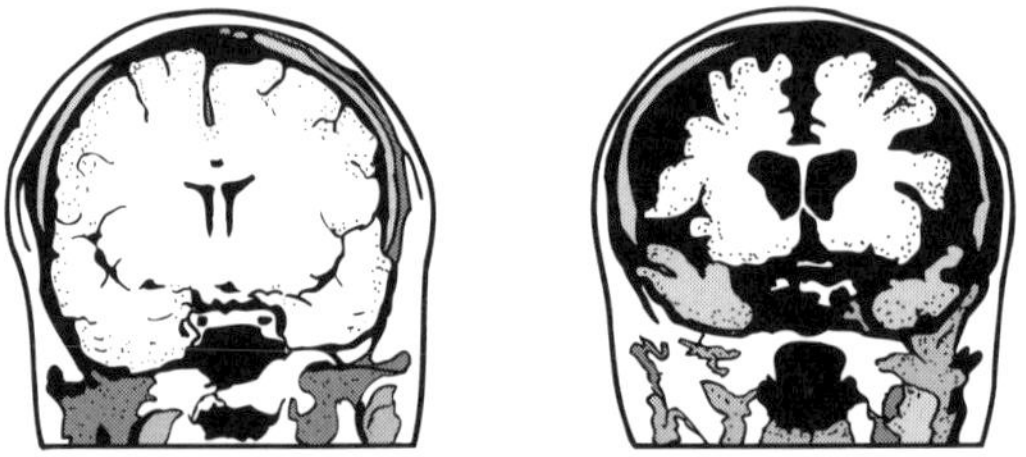

図28-1　若者と高齢者の脳
高齢者では、脳が萎縮して、脳室が拡大しています。

1　「17　前頭連合野」参照
2　「18　海馬」参照

容積が20歳台の70%くらいになります。なお大脳の中でも、神経細胞からなる灰白質《かいはくしつ》はこのように徐々に減少するのに対し、神経線維からなる白質《はくしつ》の方は70歳を過ぎてから急速に減少することも知られています。前頭連合野と結びつきの強い大脳基底核でも10年ごとに約3%の容積減が見られます。これは、一次視覚野の容積が、80歳代でも20歳代と比べて大きな変化がないのと対照的です。なお記憶に重要な海馬[2]の容積は50歳代半ばから急速に減少することが示されています（図28-2）。こうした脳そのものの萎縮とともに、高次認知機能に重要な前頭連合野-大脳基底核系の神経伝達物質である、ドーパミン、ノルエピネフリン、セロトニン、アセチルコリン[3]やそれらの受容体も大きく減少することが知られています。たとえば前頭連合野のD2受容体密度[4]は40歳くらいから10年ごとに8%ずつ減少し、それと並行して前頭連合野の糖代謝も減少します。

老化と精神機能の変化

老化に伴って本人も周囲も最初に気がつくのが**記憶**の減退です。昔のことは思い出せても、ものごとを憶え込むことが難しくなり、最近のできごとの記憶が悪くなります。これは海馬容積の減少に見られるように、側頭葉内側部の機能低下によるものと考えられます。高齢者では思考の柔軟性が減少し、複雑、新奇な刺激を効率的に扱ったり、抽象的思考も難しくなります。言語や数操作能力は、20~60歳の間では大きく変化しませんが、70歳を過ぎると急速に衰えます。また、不要な刺激にわずらわされやすくなる傾向も見られます。前頭連合野機能は老化に伴う機能低下が海馬以上に大きいのですが、前頭連合野の容積の減少と、この脳部位が関係するテストであるウィスコンシン・カード分類課題[5]などのワーキングメモリ

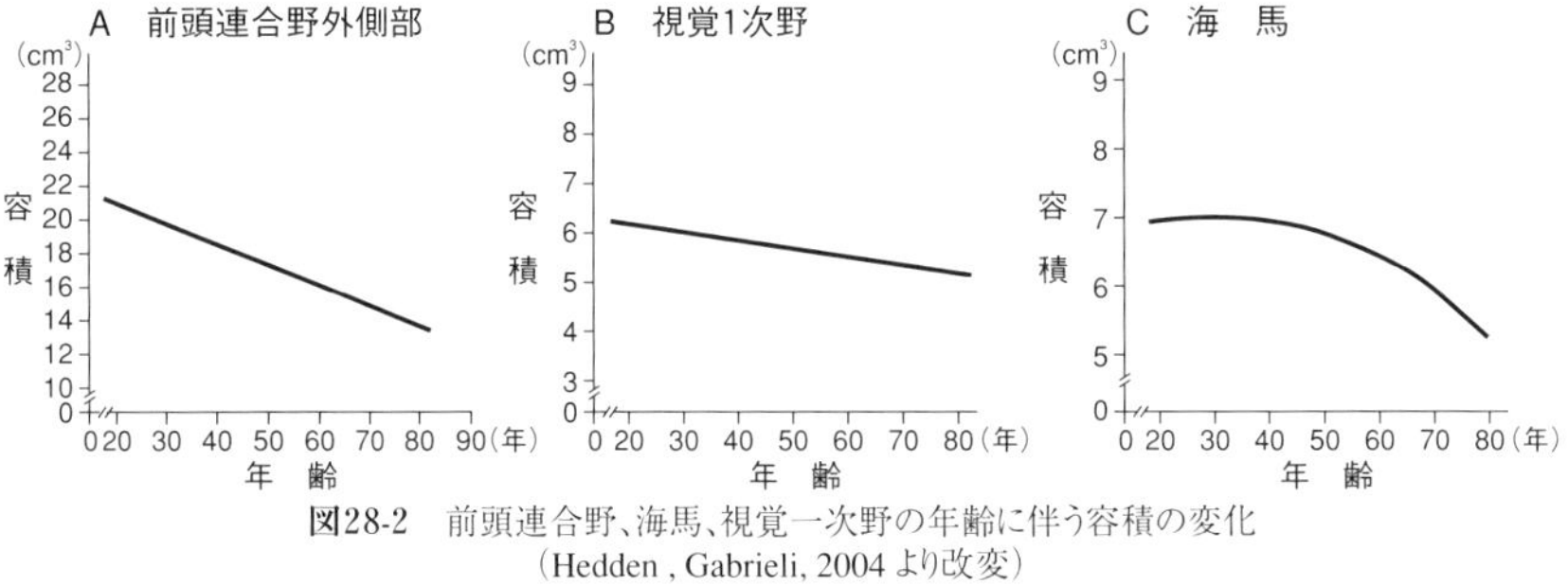

図28-2 前頭連合野、海馬、視覚一次野の年齢に伴う容積の変化
（Hedden , Gabrieli, 2004より改変）

ー課題[6]の成績の間には有意な相関が見られます。一方、高齢者は豊富な知識をもち、若者にはできないものの考え方ができる場合も少なくありません。また十分学習したもので自動化した作業に障害はないことも知られています。

高齢者における非侵襲的研究

非侵襲的研究[7]によれば、老化とともに前頭連合野の活動性は小さくなることが示されており、老化に伴う知的能力の低下に、前頭連合野機能の低下が大いに関係していると考えられます。前頭連合野の外側下部はノー・ゴー反応[8]の遂行など、行動抑制に重要ですが、高齢者ではとくにこの部位の活動が小さくなっています。高齢者がいろいろな事態で「余計な、あるいは関係のない刺激の影響を受けやすい」のは、この部位の活動性がとくに減少していることが関係していると考えられます。

一方、高齢者が時には若者より大きな前頭連合野の活性化を示すこともあります。その場合は若者で活性化する半球とともに、反対側（若者で左側なら高齢者では右側で）の半球の前頭連合野でも活動性の上昇が見られます。つまり高齢者では半球間非対称が減少する傾向にあります。これは若者では片半球の活性化だけで処理できるような事態でも、高齢者が同じように対処するためには、両半球の前頭連合野を動員しなければならないことを示していると考えられます。

さらにワーキングメモリー課題中の前頭連合野外側部の活動性は、成績の良い若者では小さく成績の悪い若者では大きいのに対し、成績の良い高齢者でも大きく成績の悪い高齢者では小さい、という結果も得られています。課題成績の悪い若者が、前頭連合野のいろいろな

3　ノルエピネフリンは「学習」に、セロトニンは「情動・動機づけ」に、アセチルコリンは「記憶」に関わることが知られている神経伝達物質です。

4　「24　ドーパミン」参照

5　「29　ウィスコンシン・カード分類」参照

6　「17　前頭連合野」参照

7　「30　fMRI」参照

8　「17　前頭連合野」参照

部位を総動員してなんとか課題に対処しようとするさまは、ある意味で高齢者の課題場面に対する対処の仕方と類似していると言えるのかもしれません。なお、課題が難しすぎる場合は、高齢者はそれに立ち向かわずにあきらめてしまい、その結果活性化が小さくなるのかもしれません。

認知症に立ち向かう

認知症患者では大脳基底部において神経伝達物質のアセチルコリンが減少しています。そのため認知症の「改善薬」としてはこのアセチルコリンの働きを高めるものが用いられており、一部の患者では認知症の進行を遅らせす効果が認められています。またドーパミンの働きを促進する薬物も認知症に効果が認められています。しかし、認知症を治療する薬物は残念ながらまだ創られていません。現在、この分野では盛んに研究が行なわれています。動物実験のレベルでは治療に効果のあるいくつかの候補もみつかっており、治療薬の開発が期待されています。

認知症が始まってしまった人、また認知症ではないものの老化に伴って知的機能の衰えが見られる人では、身体的、知的刺激を与えることにより効果の見られる場合があります。適度な運動、ゲーム、趣味の効果は実証されています。他人と広く交流し、会話することも重要です。とくに詩や俳句などの創作、囲碁、将棋、マージャンなどの、考えながら他人と楽しむゲームなどは効果的とされます。

●参考書
久保田競（2003）『発達する脳、老化する脳』関東図書
田邉敬貴（2000）『痴呆の症候群』医学書院
金子満雄（1998）『ボケる脳の謎がとけた──前頭前野が教える痴呆対策』NHKブックス

パート・4

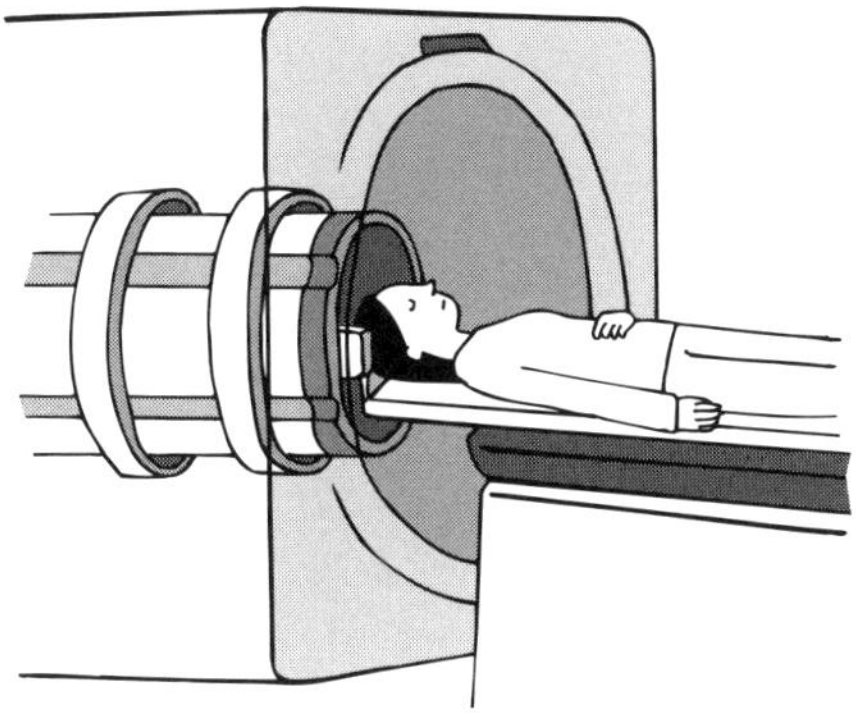

脳の働きを調べる

29 ウィスコンシン・カード分類課題

高次機能の障害を見分ける

神経心理学的研究に用いられるテストにはたくさんのものがありますが、**ウィスコンシン・カード分類課題**（Wisconsin Card Sorting Task : WCST）は前頭連合野損傷[1]の有無を調べるために最も広く普及しています。ここでは前頭連合野の損傷によってこのテストでどのような障害が現れるのか、**非侵襲的脳機能測定法**（ｆＭＲＩやＰＥＴなど）で調べると、このテストをしているときには前頭連合野のどの部位が活性化するのか、について見てみることにしましょう。

課題の説明

これは、図29－1のように色（赤、緑、黄、青）、形（三角、星、十字、丸）、数（1、2、3、4）がそれぞれ違うカードをそれぞれ2枚ずつ、合計128枚のカードを用意し、被験者に「色」か「形」か「数」のどれか1つを基準に1枚ずつ分類していくことを求めるものです。被験者は分類の基準については教えられません。そのため自分の反応に対する正誤のフィードバックを手がかりに考えて一枚ずつ分類しなければなりません。この課題では、正答が6回続くと、被験者に知らせずに突然分類の基準を変更します。被験者はフィードバックに従って新しい分類基準を見出し、それにもとづいて分類しなければなりません。

この課題は、分類基準を必要に応じて更新するという「操作」をしながら頭の中にそれを

1　「17　前頭連合野」参照

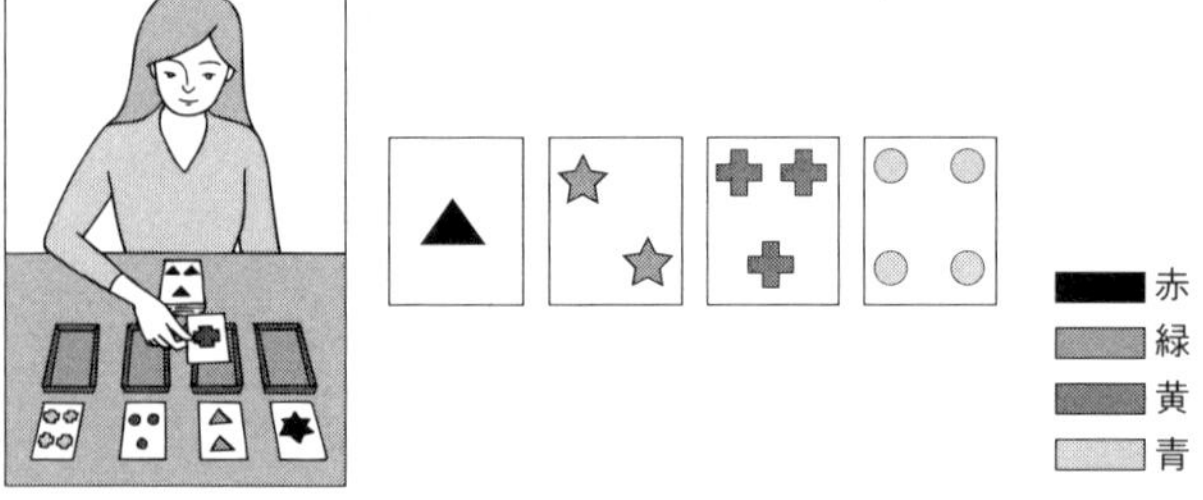

図29-1　ウィスコンシン・カード分類課題（Milner & Petridies, 1984より改変）

「表象」として「保持」し続けなければならない、という意味でワーキングメモリー課題の1つとされます。前頭連合野損傷患者は、分類の基準が変わっても、いつまでも前の基準に固執する傾向を示し、この課題の遂行に障害を示します。この障害はワーキングメモリーの障害とともに、反応基準をスイッチしたり、すでに有効ではなくなっている反応傾向を抑制するという、前頭連合野の他の高次機能の障害にも関係していると考えられています。

ウィスコンシン・カード分類課題の非侵襲的研究

非侵襲的研究[2]によれば、この課題遂行に関係して、他のワーキングメモリー課題遂行の場合と同様、前頭連合野背外側部《はいがいそくぶ》、頭頂連合野、視覚前野、小脳などが活性化します。一方、この課題遂行には新しい分類基準を推測したり、推測に基づいて反応基準を切り替えたりするという多様な機能が関係しています。なかでも「反応基準の切り替え」は、この課題遂行に最も重要な側面です。長浜ら[3]はこの切り替えに関係して右側の背外側部前頭連合野の活性化を見出しています。小西ら[4]もこの切り替えに焦点をあてた研究を行ない、前頭連合野の後方下部（44、45野）が左右の脳とも活性化することを見出しています。この課題では分類の基準が予告なく変化するため、基準が変わった直後には被験者は必ずエラーをすることになります。この「エラー情報を捉える」には前頭連合野後方下部の左側が、「分類基準の切り替え」には前頭連合野後方下部の右側がより重要な役割を果たすとされています。この右側の前頭連合野部位は、ノーゴー反応のような、運動反応を積極的に抑制することを求められたときに活性化する部位とオーバーラップしています。エラー情報を捉える、という働きと、反応抑制の働きには共通するメカニズムがあるのかもしれません。

---

2 「30　fMRI」参照

3 Nagahama et al., 2001.

4 Konishi et al., 1999 ; Konishi et al., 2002.

●参考書
渡邊正孝（2005）『思考と脳』サイエンス社

30 fMRI

脳を傷つけずにその働きを知る

精神活動に伴って人の脳のどこがどのように働いているのかは、脳研究者だけでなく、だれしも興味をもち、その活動を目で見ることができたらどんなにすばらしいだろうと思われてきました。その夢のようなことが最近の技術の進歩で一部とはいえ可能になってきています。それが**PET**《ペット》（陽電子断層法 Positron Emission Tomography）、**fMRI**《ファンクショナル・エムアールアイ》（functional magnetic resonance imaging：機能的磁気共鳴画像）、**MEG**《エムイージー》（magnetoencephalography：脳磁図）、**NIRS**《ニルス》（Near Infrared Spectroscopy：近赤外光血流計測）などの**非侵襲的脳機能測定法**です。

PET

PETは陽電子（ポジトロン）を出して崩壊するラジオアイソトープ（ポジトロン核種）で印をつけた放射性物質を生体に投与し、放射性物質から放射される陽電子が周囲の電子と結合する時に放射されるガンマ線を、体の周囲にめぐらせた検出装置でとらえるものです（図30－1）。このようにして捉えたものを、コンピューター断層法の原理を使ってもとの陽電子の位置を正確に同定し、それを断層画像として表示するのです。この方法を用いると、ポジトロン核種を工夫することにより、脳の部位別の血流量、酸素・ブドウ糖の消費量、アミノ酸代謝量、神経受容体密度などいろいろな測定が可能です。

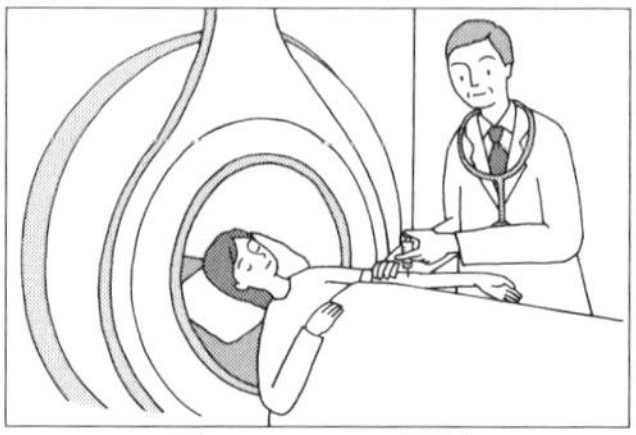

図30-1　PET装置

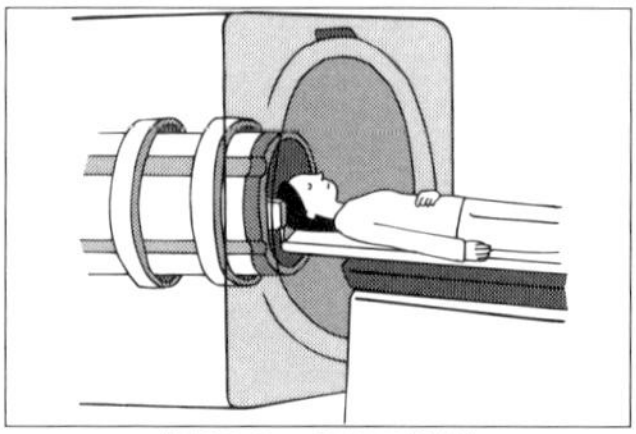

図30-2　fMRI装置

ｆＭＲＩ

ｆＭＲＩは生体の内部構造を断層画像として捉えることを可能とする構造的磁気共鳴画像（structural Magnetic Resonance Imaging : sMRI）と同じ機械を用いて、構造ではなく、働き（機能）を調べるものです（図30－2）。基本原理は、脳の局所的な活動に伴う血管内における血液の磁性の変化を利用して、血流量の変化を捉えようというものです。血液中に含まれるヘモグロビンは酸素との結合状態によって磁性が変化します。すなわち、酸素分子と結合した酸素化ヘモグロビンは磁化しにくいのに対して、酸素分子を離した脱酸素化ヘモグロビンは磁化しやすい性質をもちます。脳に活動が起こると、酸素やブドウ糖が多量に必要になり、その部位の局所血流量は大幅に増加します。その結果酸素化ヘモグロビンを含んだ血液が多量に流入すると同時に脱酸素化ヘモグロビンが急速に灌流されることにより、活動部位における単位体積（ボクセルと呼ぶ）あたりの脱酸素化ヘモグロビンは減少することになります。ＭＲＩでは測定部位の磁化率の大きさを捉えます。脱酵素化ヘモグロビンが減少するとその部位の磁化率が増大しますのでＭＲＩ信号が増大します。これはＢＯＬＤ（Blood Oxygen Level Dependent：血中酸素レベル依存性）効果とよばれ、ｆＭＲＩではこの信号を利用しているわけです。

ＭＥＧ

ＭＥＧは脳内の電気的活動に伴って発生する磁場を記録するものです（図30－3）。電流が流れれば磁場が発生し、その分布は電流源の位置・強度・方向に応じて変化します。した

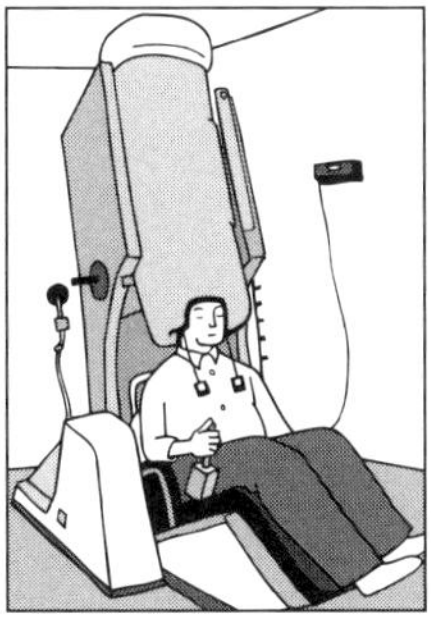

図30-3　MEG装置

がって、頭の周囲に多数のコイルを配置して磁場分布を測定すれば、もとの電流源の位置・強度・方向を推定することが可能です。計測される磁場は通常、地磁気の一億分の一というきわめて微弱なものですが、ＭＥＧはこの磁場変動をコイルに発生する起電力として計測するものです。脳波を調べる場合には、脳から出される電気信号を調べるわけですが、その電気的変化は頭蓋骨という絶縁体によって大きく歪められます。しかし、磁気変化はそうした歪みは受けません。ＭＥＧで記録しているのは、大脳皮質に存在する錐体細胞[1]に興奮性の入力が入ることによって引き起こされ、樹状突起[2]内を流れる細胞内電流によって発生する磁界であると考えられています。

ＮＩＲＳ

ＮＩＲＳでは、被験者の頭部に光源となるレーザーダイオードと受光部のフォトダイオードを装着することによって測定します。通常2あるいは3波長の生体に透過性の高い近赤外レーザ光を用い、生体を透過し反射してきた各近赤外光をフォトダイオードで検出し、それぞれの波長の反射光量から酸素化ヘモグロビンと脱酸素化ヘモグロビンの濃度変化を算出することによって脳活動を捉えます。なお近赤外光とは可視領域と赤外領域の間の、通常７００～３０００ナノメートルの波長の光を指します。

非侵襲的脳機能研究法の比較

図30－4は種々の脳機能測定手段の時間分解能（どのくらい細かい時間的範囲の変化が捉えられるかという特徴）、空間分解能（どのくらい細かい空間的範囲の変化が捉えられるか

1　大脳皮質にあるピラミッド（錐体）形をした、大きな神経細胞。興奮性の情報を伝える役割をする。

2　「21　刷り込み」参照。

3　多くの人で言語を司る部位は左脳にあります。特に発話に重要な部位をブローカ野、言語理解に重要な部位をウェルニッケ野と呼びます。

という特徴）、侵襲性を比較したものです。以下に述べるように、ｆＭＲＩは空間分解能の面で、ＭＥＧは時間分解能の面で、非侵襲的な脳機能測定手段としては最も優れた特性をもっていることがわかります。ＰＥＴではいろいろな薬物を放射性同位元素で印を付けることにより、脳血流量だけでなく神経伝達物質の量的変化などいろいろな測定が可能である、という特徴があります。ｆＭＲＩの機能画像は、それを得るのに用いたのと同じＭＲＩ装置で得られる構造画像に容易に重ねあわせることができます。またｆＭＲＩは、空間分解能（１〜２ミリの解像度）も時間分解能（１〜２秒の精度）もＰＥＴより優れています。さらにはＰＥＴと違って放射線被爆の心配はなく、同一人で繰り返し測定できるという点も長所の一つです。ＭＥＧは脳活動に伴う磁気変化を捉えるもので、完全な非侵襲性が保障される方法です。しかし脳内の電流によって発生する磁束を頭蓋表面に平行なコイルにより計測しているため、頭蓋骨に平行する脳表面の「脳回」部分はセンサーに捉えることができず、脳活動のごく一部（「脳溝」部分）しか捉えられないという大きな短所があります（図30－5）。ＮＩＲＳは被験者を拘束することなく、比較的自然な状況下で測定が可能であり、周囲から電磁波ノイズの影響をほとんど受けないという長所をもちますが、空間分解能が低く（２〜３センチ）、また脳表面の活動しか捉えられないというところが短所です。

非侵襲的研究で得られるもの

こうした非侵襲的測定法により、人がものを見たり、聞いたり、触れたりするとき、あるいは手足や目を動かしたりするときに、脳のどの部位がどのように活動するのかについて、鮮明な画像として、目に見えるかたちで表わすことができます。さらに、ものを憶えたり、

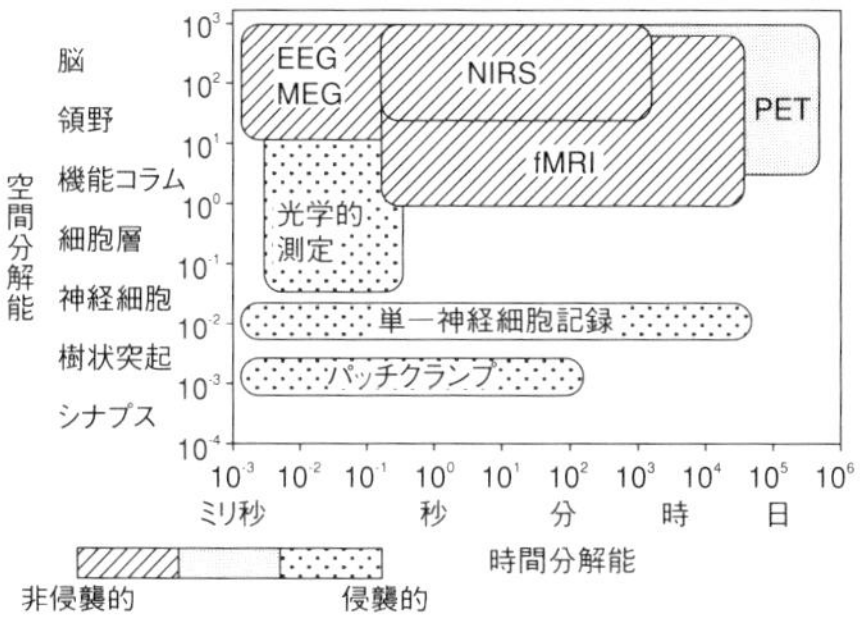

図30-4　非侵襲的脳機能測定法の比較
（Churchland & Sejnowski, 1998, および宮内, 1997より改変）
図の「光学的測定」は、多数の神経細胞の活動を顕微鏡下で光学的に捉える方法であり、「パッチクランプ」は単一神経細胞の膜を通してのイオンの流れ（電流シグナル）を測定する方法です。

思い出したりするとき、問題を考えるとき、楽しい気分のとき、悲しいとき、というような精神活動、精神状態に関係して脳のどの部位がどのように活動するのかについて、数多くの研究が行なわれています。たとえば、言葉を話すときにはブローカ野[3]が活動すること、ものを憶えるときには海馬系の活動が高くなること、難しい問題を解こうとするときには前頭連合野の活動が高くなることなどが明らかにされています。またあるPET研究では、テレビゲームをしている人の大脳基底核で、ドーパミン濃度が増したという報告もあります[4]。

非侵襲的研究で注意すべき点

ＰＥＴやｆＭＲＩで得られる数値は脳の活動の絶対値ではなく、脳内に入った放射能量や、磁場の強さなどの変数によって左右される相対値に過ぎません。つまり、活動の変化はすべてコントロールの時との比較でしか意味をもたないわけです。それゆえ、コントロールをどのようにとるのかが実験で得られたデータを解釈するうえで決定的に重要な意味をもちます[5]。

ＰＥＴやｆＭＲＩのデータは、心的過程にも足し算があてはまり、そのために引き算をすれば特定の心的過程を抽出できる[6]、という前提のもとに解析が行なわれています。この前提は反応時間を分析する心理学実験ではよく用いられる方法ですが、じつは証明することが困難であり、非侵襲的研究法で得られたデータは、「その前提が合っていれば」、という大きな仮定にもとづいていることに注意する必要があります。活動量の変化の大きさは、当然のことながら絶対値の変化ではなく、コントロール時と比べて、統計的にどれほど有意な変化が見られたのか、という観点から評価されます。論文などでは多くの場合、活性化部位が白

4 Koepp et al., 1998.

5 何かものを見たり、ものを憶えたりすることに関係した脳の活動を見ようとする場合は、何ものをも見ていない時、ものを憶えることを求められない時というようなコントロール時と比べて活動が上昇したか減少したかを調べるのです。

6 例えば、「ものを見る」という心的過程は「何も見ていない」という心的過程に、ある別の心的過程が加算されて生じるという考え方。

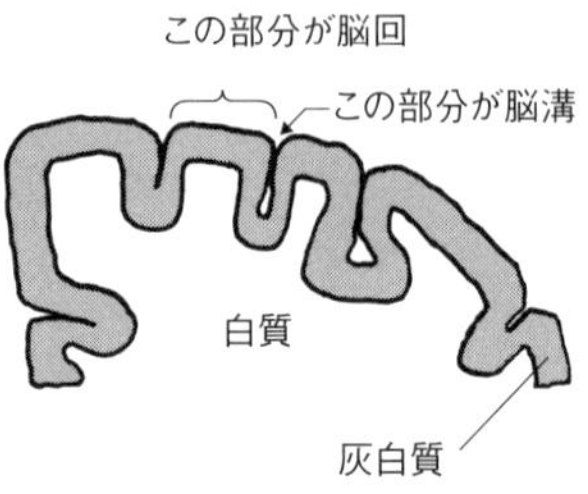

図30-5　脳溝と脳回
脳を顔の面と平行な面で切った切断面を表わします。灰色の部分を皮質（灰白質）、内側の白い部分を白質と呼びます。皮質の表面の平らな部分を「脳回」、くぼんで溝になった部分を「脳溝」と呼びます。

色、または黄色で表示されますが、これはあくまで統計的な有意差の程度にもとづくもので、活動量そのものを反映したものではないことに注意する必要があります。

　非侵襲的脳機能測定法を用いる研究においては、個人差の問題を捨象するために多人数のデータを合わせて解析するという方法が一般に用いられています。そこで用いられるのがタライラッハの脳《のう》図《ず》譜《ふ》[7]です。どんな人の脳もこの図譜の「標準脳」に変換することにより、データを個体間で比較できるようになります。ただこの図は60歳のフランス人女性一人の死後脳をもとに作成されているため、「標準脳」としてよいのか、その妥当性に議論があります。また、標準化にはいくつかの方法があり、どの方法を用いたとしても誤差（約15ミリ程度）が生じるのは避けられません。とくに脳の前後軸の長さがフランス人に比して短い日本人の脳を標準化すると、西欧人の場合より誤差が大きいことも指摘されています。個人差の問題を克服する方法として、それぞれの人で特定の精神活動の時に活性化する部位をまず捉え、他の精神活動時には、その部位はどのような活動を示すのかを見るという試みもなされています。タライラッハの図譜には、それぞれの座標に相当する部位にブロードマンの領野（図30－6）[8]が割り当てられており、ほとんどの研究者がこれに従って、実験で得られた脳活動部位を命名しています。しかし図譜そのものにも断り書きがあるように、あくまで参照程度のものであり、しっかりした根拠があるわけではないことに注意すべきです。

7　Talairach & Tournoux,1988.

8　ブロードマンは皮質の各部位が、どのような形や構造をもった神経細胞から成り立っているのかを詳しく調べ、大脳を48の部分に区別し、それぞれに1～52（48～51は欠番）の番号を付した細胞構築図を発表しました（Brodmann, 1909）。ブロードマンの領野はそれぞれの番号のついた部位を指します。

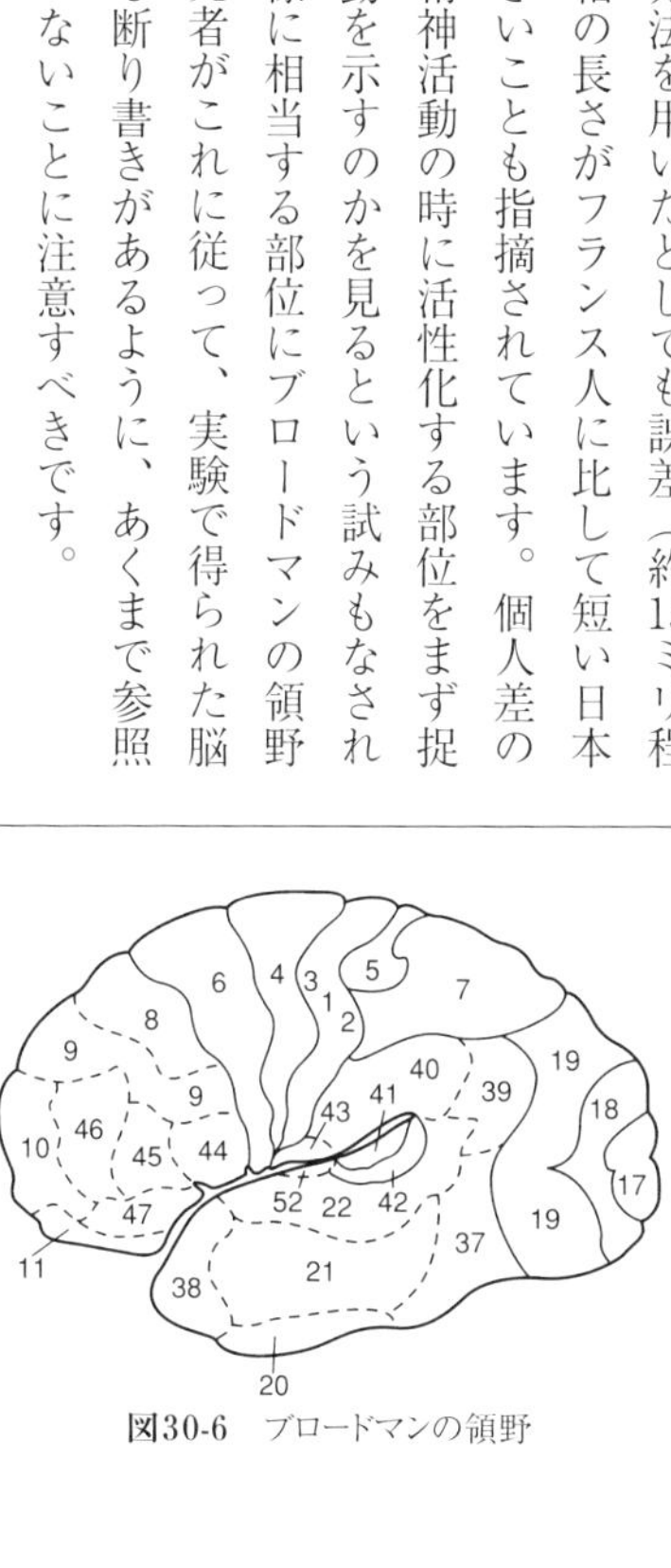

図30-6　ブロードマンの領野

●参考書
川島隆太（2002）『高次機能のブレインイメージング』医学書院
柴崎浩・米倉義晴（1994）『脳のイメージング』共立出版

A・ダマシオ（2005）『感じる脳』（田中三彦訳）ダイヤモンド社.
D・チェンバレン（1991）『誕生を記憶する子供たち』（片山陽子訳）春秋社.
津本忠治（1986）『脳と発達』朝倉書店.
U・ナイサー編（1988）『観察された記憶（上）——自然文脈での想起』（富田達彦訳）誠信書房.
永江誠司（2004）『脳の発達と心理学』ブレーン出版.
野口悠紀雄（2002）『「超」文章法——伝えたいことをどう書くか』（中公新書）中央公論新社.
橋爪大三郎（1988）『はじめての構造主義』（講談社現代新書）講談社.
橋爪大三郎（2003）『「心」はあるのか』（ちくま新書）筑摩書房.
波多野誼余夫（1982）「演繹的推論」『推論と理解』（認知心理学講座３）東京大学出版会.
舟橋新太郎（2005）『前頭葉の謎を解く』京都大学学術出版会.
ヘンシュ貴雄（2003）『頭のいい子ってなぜなの？——最新の脳科学研究がつきとめた“脳が育つ”メカニズム』海竜社.
本位田真一監修，松本一教・宮原哲浩・永井保夫著（2005）『人工知能』（情報処理学会編，IT Textシリーズ）オーム社.
松本元・小野武年編（2002）『情と意の脳科学——人とは何か』培風館.
水島恵一・上杉喬編（1983）『イメージの基礎心理学』誠誠書房.
山鳥重（2002）『記憶の神経心理学』医学書院.
ジョセフ・ルドゥー（2003）『エモーショナル・ブレイン——情動の脳科学』松本元・川村光毅他訳，東京大学出版会.
渡邊正孝（1994）「記憶，学習行動と脳」伊藤正男他編『記憶と学習』（講座認知科学 第５巻）第２章，岩波書店.
渡辺正孝（2001）「創造性は学べるか」小泉英明編『育つ・学ぶ・癒す脳図鑑21』工作舎.
渡邊正孝（2005）『思考と脳』サイエンス社.

参　考　書

市川伸一（1996）「確率判断」『思考』（認知心理学４），東京大学出版会．

浮田潤・賀集寛編（1997）『言語と記憶』（現代心理学シリーズ５），培風館．

太田信夫編（1988）『エピソード記憶論』誠信書房．

苧阪直行編（2000）『脳とワーキングメモリ』京都大学学術出版会．

苧阪満里子（2002）『脳のメモ帳　ワーキングメモリ』新曜社．

Ｍ・Ｓ・ガザニガ（1987）『社会的脳』（杉下守弘・関啓子訳）青土社．

加藤弘一（2002）『文字コード』（図解雑学シリーズ）ナツメ社．

金子満雄（1998）『ボケる脳の謎がとけた――前頭前野が教える痴呆対策』ＮＨＫブックス．

河合隼雄（1971）『コンプレックス』（岩波新書）岩波書店．

川崎惠里子編著（2005）『ことばの実験室――心理言語学へのアプローチ』ブレーン出版．

川島隆太（2002）『高次機能のブレインイメージング』医学書院．

久保田競（2003）『発達する脳，老化する脳』関東図書．

久保田競編（2002）『記憶と脳』サイエンス社．

熊谷高幸(1991)『自閉症の謎こころの謎――認知心理学から見たレインマンの世界』ミネルヴァ書房．

Ｒ・Ｌ・クラツキー（1987）『記憶と意識の情報処理』（川口潤訳，梅本堯夫監修）サイエンス社．

小谷津孝明編（1988）『記憶と知識』（認知心理学講座 第２巻）東京大学出版会．

佐伯胖（1986）『認知科学の方法』（認知科学選書10）東京大学出版会．

佐伯胖・佐々木正人編（1990）『アクティブ・マインド』東京大学出版会．

三宮真智子（2001）「創造的思考」『おもしろ思考のラボラトリー』（森敏昭編著，認知心理学を語る 第３巻）北大路書房．

柴崎浩・米倉義晴（1994）『脳のイメージング』共立出版．

下條信輔（1988）『まなざしの誕生――赤ちゃん学革命』新曜社．

Ｓ・Ｐ・シュプリンガー，Ｇ・ドイチェ（1997）『左の脳と右の脳』第２版（福井圀彦・河内十郎監訳）医学書院．

高橋雅延・川口敦生・管眞佐子（1988）『ヒューマンメモリ』サイエンス社．

高橋和弘・服部雅史（1996）「演繹的推論」『思考』（認知心理学４）東京大学出版会．

竹村和久（1996）「意思決定とその支援」『思考』（認知心理学４）東京大学出版会．

田邉敬貴（2000）『痴呆の症候群』医学書院．

Ａ・ダマシオ（2000）『生存する脳』（田中三彦訳）講談社．

Ａ・ダマシオ（2003）『無意識の脳　自己意識の脳――身体と情動と感情の神秘』（田中三彦訳）講談社．

佐伯胖・佐々木正人編（1990）『アクティブ・マインド』東京大学出版会.

Schultz W. et al. (1997) A neural substrate of prediction and reward. *Science*, 275(5306) : 1593-9.

Smith, E.E. et al. (1995) Spatial versus object working memory : PET investigations. *Journal of Cognitive Neuroscience*, 7 : 337-356.

Sperry R. (1984) Consciousness, personal indentity and the divided brain. *Neuropsychologia, 22* : 661-73.

Talairach, J. and Tournoux, P. (1988) *Co-planar stereotaxic atlas of the human brain Thieme*. New York.

Tolman, E.C. & Honzik, C.H. (1930) Introduction and removal of reward and maze performance in rats. *University California Publication in Psychology*, 4 : 257-275.

角田忠信（1978）『日本人の脳』大修館書店.

Tversky, A. (1977) Features of similarity. *Psychological Review, 84*, 327-352.

Tversky, A. & Kahneman, D. (1974) Judgement under uncertainty : Heuristics and biasis. *Science*, 185 : 1124-1131.

Wallas, G. (1926) *The art of thought*, Harcourt, Brace, Jovanovich.

Watanabe, M. (1986) Prefrontal unit activity during delayed conditional Go/No-go discrimination in the monkey. II. Relation to Go and No-go responses. *Brain Research*, 382 : 15-27.

渡邊正孝（1994）「記憶，学習行動と脳」伊藤正男他編〈講座認知科学〉第5巻『記憶と学習』第2章，岩波書店，45~95頁.

渡邊正孝（2005）『思考と脳』サイエンス社.

・時津裕子編，青木書店．
原田悦子（1988）「プライミング効果」『エピソード記憶論』太田信夫編，誠信書房．
橋爪大三郎（1988）『はじめての構造主義』講談社現代新書，講談社．
橋爪大三郎（2003）『「心」はあるのか』ちくま新書，筑摩書房．
Hedden, T., Gabrieli, J.D.E. (2004) *Nature Rev Neurosci*, 5 : 87-96.
ジョンソン＝レアード（1989）『心のシミュレーション』新曜社．
小橋康章（1996）「創造的思考と発想支援」『思考』（認知心理学4），東京大学出版会．
Koepp, M.J., Gunn, R.N., Lawrence, A.D., Cunningham, V.J., Dagher, A., Jones, T., Brooks, D.J., Bench, C.J. & Grasby, P.M. (1998) Evidence for striatal dopamine release during a video game. *Nature*, 393, 266-268.
ケーラー，W.（1962）『類人猿の知恵試験』（宮孝一訳）岩波書店．／（1969）誠信書房．
小松伸一・太田信夫（1983）「単語完成課題におけるPriming効果(1)―長期遅延条件での再認記憶との比較」『日本心理学会第47回大会発表論文集』307.
Konishi, S., Hayashi, T., Uchida, I., Kikyo, H., Takahashi, E., & Miyashita, Y. (2002) Hemispheric asymmetry in human lateral prefrontal cortex during cognitive set shifting. *Proc Natl Acad Sci USA*, 99 : 7803-7808.
Konishi, S., Nakajima, K., Uchida, I., Kikyo, H., Kameyama, M., & Miyashita, Y. (1999) Common inhibitory mechanism in human inferior prefrontal cortex revealed by event-related functional MRI. *Brain*, 122 : 981-991.
Lhermitte, F. (1983) 'Utilization behavior' and its relation to lesions of the frontal lobes, *Brain*, 106 : 237-255.
Loftus, E.F. & Palmer, J.C. (1974) Reconstruction of automobile destruction : An example of the interaction between language and memory. *Journal of Verbal Learning and Verbal Behavior*, 13, 585-589.
Milner, B. & Petrides, M. (1984). Behavioral effects of frontal-lobe lesions in man. *Trends in Neurosciences*, 7, 403-407.
宮内哲（1997）「ヒトの脳機能の非侵襲的測定」『生理心理学と精神生理学』15,11-29頁．
Nagahama, Y., Okada, T., Katsumi, Y., Hayashi, T., Yamauchi, H., Oyanagi, C., Konishi, J., Fukuyama, H., & Shibasaki, H. (2001) Dissociable mechanisms of attentional control within the human prefrontal cortex. *Cereb Cortex*, 11 : 85-92.
日本経済新聞2005年6月25日夕刊の記事「女子高生は方言好き」．
野口悠紀雄（2002）『「超」文章法――伝えたいことをどう書くか』中公新書，中央公論新社．
O'Keefe, J. and Nadel, L. (1978) *The hippocumpus as a cognitive map*. Clarendon, Oxford.
オーンスタイン，R.E.（2002）『右脳は天才？それとも野獣？』藤井留美訳，朝日出版社．
苧阪満里子（2002）『脳のメモ帳　ワーキングメモリ』新曜社．
Rosch, E.H. (1973) Natural Categories. *Cognitive Psychology*, 4, 328-50.
サピア，E. 他（1970）『文化人類学と言語学』（池上嘉彦訳）弘文堂．

引用文献

朝日祥之・吉岡泰夫・相澤正夫（2005）「自治体職員の行政コミュニケーションに見られる地域差」『日本語科学』17号，105-125頁，国立国語研究所．

朝日新聞2005年4月22日朝刊の記事「言葉がつなぐ住民と役所」（30面：都内・多摩版）．

Berlin, B.O. & Kay, P.D. (1969) *Basic Color Terms*. Berkeley : University of California Press.

Brodmann, K. (1909) *Vergleichende Lokalisationlehre der Groβhirnrinde in ihren Prinzipien dargestellt auf Grund des Zellenbaues*. Barth, Leipzig.

Brown, P. & Levinson, S.C. (1987) *Politeness : some universals in language usage*, Cambridge ; New York : Cambridge University Press.

Carey, J. (ed.) (1990) *Brain facts : A primer on the brain and nervous system*. Society for Neuroscience.

チェンバレン，D.（1991）『誕生を記憶する子供たち』片山陽子訳，春秋社．

Churchland, P.S. & Sejnowski, T.J. (1988) Perspectives on cognitive neuroscience. *Science*, 242 : 741-745.

Cole, M. & Scribner, S. (1974) *Culture and thought*. John Wiley.

クック，N.D.（1988）『ブレイン・コード』久保田競他訳，紀伊国屋書店．

Damasio, A.R. (1994) *Decartes' Error*. Grossset/Putnam, New York.（ダマシオ『生存する脳』田中三彦訳，講談社，2000）

ダマシオ，A.（2003）『無意識の脳　自己意識の脳――身体と情動と感情の神秘』田中三彦訳，講談社．

Davidoff, J. (2001) Language and Perceptual Categorisation. *Trends in Cognitive Sciences*, Vol.5, No.p, 382-387.

Desimone R. (1995) *Nature*, 376 : 572-5.

Diamond, A. (1990) Developmental time course in human infants and infant monkeys, and the neural bases of inhibitory control in reaching. *Annals of the New York Academy of Sciences*. 608 : 637-676.

Elliot, H.C. (1970) *Textbook of Neuroanatomy*. Philadelphia : Lippincott.

Gazzaniga, M.S. (1970) *The Bisected Brain*. New York, Appleton-Century-Crofts.

ガザニガ，M.S.・レドゥー，J.E.（1980）『二つの脳と一つの心』柏原恵龍他訳，ミネルヴァ書房．

Grice, H.P. (1975) Logic and conversation. In P. Cole and J.L. Morgan (eds.), *Syntax and Semantics*, Vol.3 : *Speech Acts*, p.41-58, New York, NY : Academic Press.

Guilford, J.P. (1950) Creativity, *American Psychologist*, 5, pp.444-454.

箱田裕司（2003）「認知考古学と認知心理学」『認知考古学とは何か』松本直子・中園聡

バッドリー Baddeley, A.　90
バートレット Bartlett, F.C.　33
パブロフ　Pavlov, I.P.　76
パーマー Palmer, J.C.　24
原田悦子　7
バーリン Berlin, B.　57
ハーロー Harlow, H.F.　88

ピアジェ Piaget, J.　112, 113

フィネアス・ゲイジ（患者）　71, 72
ブラウン Brown, P.　67
フレミング Fleming, A.　52, 53
フロイト Freud, S.　25, 110
ブロードマン Brodmann, K.　94, 129

ヘッブ Hebb, D.O.　78
ヘデン Hedden, T.　117

ボーゲン Bogen, J.E.　106
ホンズィー Honzii, C.H.　82

ま行

ミシュキン Mishkin, F.S.　80

宮内哲　127

モニス Moniz, Egas　73
モリス Morris, R.G.M.　82, 83

や行

ユング Jung, C.G.　25

吉岡泰夫　67

ら行

レヴィ＝ストロース　Lévi-Strauss, C.　59
レビンソン Levinson, S.　67
レーミット Lhermitte, F.　73, 74

ロッシュ Rosch, E.　57, 58
ロフタス Loftus, E.F.　24
ロールズ Rolls, E.T.　99
ローレンツ Lorenz, K.Z.　86, 87

わ行

ワラス Wallas, G.　52, 54

人名索引

あ行

相澤正夫　67
アインシュタイン Einstein, A.　115
朝日祥之　67
アルツハイマー Alzheimer, A.　116
R･B（患者）　77, 80

ヴィトゲンシュタイン　Wittgenstein, L.J.J.　39, 41
ヴォーゲル　Vogel, P.J. 106
ウォーフ　Whorf, B.L. 56

H･M（患者）　76, 77, 80
エリオット（患者）　97, 98, 99

太田信夫　7
オキーフ　O'keefe, J. 83
苧阪直行　90
オズボーン Osborn, A.　55
オーンシュタイン Ornstein, R.E.　107

か行

ガザニガ Gazaniga, M.S.　108, 109
カーネマン Kahneman, D.　96, 98
ガブリエリ Gabrieli, J.D.E.　138
川喜多二郎　55
カント　Kant, I.　33

ギルフォード Guilford, J.P.　54

クック Cook, N.D.　107
グライス Grice, H.P.　65

ケアリー Carey, J.　76
ケイ Kay, D.　57
ケクレ Kekule,F.　114
ケーラー Köhler, W.　53

後藤裕之　1, 18, 19, 20
コニシ　Konishi, S. 123
小橋康章　54
小松伸一　7
コール　Cole, M.　58, 59

さ行

佐伯胖　42
佐々木正人　42
サピア Sapir, E.　56

ジョンソン＝レアード Johnson-Laird, P.N.　52

スペリー Sperry, R.W.　108
スミス Smith, E.E.　91, 94

セイノウスキー Sejnowski, T.J.　127

た行

ダイアモンド Diamond, A.　112
ダマジオ Damasio, A.R.　96, 97, 98, 99
タライラッハ Talairach, J.　129

チェンバレン Chamberlain, D.　111
チャーチランド Churchland, P.S.　127

角田忠信　104

デイビッドフ Davidoff, J.　58
デジモン Desimone, R.　136

トヴァスキー Tversky, A.　45, 46, 96
トウルヌウ Tournoux, P.　129
友寄英哲　18, 20
トールマン Tolman, E.C.　82, 83

な行

ナガハマ Nagahama, Y.　123
ナーデル Nadel, L.　83

野口悠紀雄　34

は行

箱田裕司　58
橋爪大三郎　42
パスツール Pasteur, L.　53

ま行

や行

ら行

わ行

な行

は行

た行

さ行

事項索引

あ行

か行

著者紹介

横山詔一（よこやま　しょういち）

国立国語研究所言語生活グループ長。横浜国立大学教育学部卒業，筑波大学大学院心理学研究科を中退。博士（心理学）。専門は社会言語心理学。

主要著書に

『新聞電子メディアの漢字』（編著，三省堂）

『現代日本の異体字』（編著，三省堂）

『表記と記憶』（心理学モノグラフ，日本心理学会）などがある。

渡邊正孝（わたなべ　まさたか）

㈶東京都医学研究機構・東京都神経科学総合研究所、参事研究員。東京大学文学部心理学科、同大学院を修了、文学博士。専門は生理心理学、認知神経科学。

著書に

『思考と脳』（サイエンス社）

共著に

『キーワードコレクション　心理学』（新曜社）

『記憶と学習』（岩波書店）

『脳・神経の科学Ⅱ－脳の高次機能』（岩波書店）

『意欲と学習・記憶』（培風館）

『育つ・学ぶ・癒す　脳図鑑21』（工作舎）

『高次機能への挑戦』（朝倉書店）などがある。

新曜社　キーワード心理学 3

記憶・思考・脳

初版第1刷発行　2007年5月25日©

著　者　横山詔一・渡邊正孝

監修者　重野　純・高橋　晃・安藤清志

発行者　堀江　洪

発行所　株式会社 新曜社

〒101-0051　東京都千代田区神田神保町2-10

電話(03)3264-4973（代）・Fax(03)3239-2958

e-mail info@shin-yo-sha.co.jp

URL http://www.shin-yo-sha.co.jp/

印刷　マチダ印刷　Printed in Japan

製本　イマヰ製本所

ISBN978-4-7885-1057-9　C1011